Indien

Kochen und verwöhnen mit Originalrezepten

Indien

Kochen und verwöhnen mit Originalrezepten

Rezepte und Text: Sadhna Dhawan

Foodfotos: Jörn Rynio

Reportagefotos: Jenner Zimmermann

Indien bietet vom Himalaya im Norden bis zum Golf von Bengalen im Süden eine der vielfältigsten und aufregensten Gewürzküchen der Welt.

INHALT

REZEPTE

EXTRAS

Namaste India

»Grüß Gott!« sagt man in Indien zur Begrüßung und so begrüße ich Sie und lade Sie ein zu einer Begegnung mit der unendlich vielseitigen, reichhaltigen kulinarischen Esskultur meiner indischen Heimat.

Jedem Besucher Indiens wird schnell klar, dass die indische Küche mehr zu bieten hat als Curry. Es handelt sich dabei nur um eine von vielen Zubereitungsvarianten. In Wirklichkeit unterscheiden sich die Gerichte von Kaschmir im Norden bis Kanya Kumari im Süden stärker als diejenigen von Skandinavien bis Spanien! Ich habe für dieses Buch die beliebtesten Rezepte jeder Region ausgesucht – und natürlich meine eigenen Lieblingsgerichte wie Joghurt mit frittierten Perlen und Gefüllter Blumenkohl hinzugefügt. Schon immer habe ich gutes Essen zu schätzen gewusst und es ist ein Hobby von mir, zu festlichen Anlässen oder für Partys indische Spezialitäten zuzubereiten. Daher werden Sie in diesem Buch auch in dieser Hinsicht fündig werden. Entdecken Sie die kulinarische Vielfalt Indiens: Ihr Appetit wird angeregt – Sie werden begeistert sein!

Sadhna Dhawan

Oben: Hölzerne Gewürzkisten sind besonders im Süden Indiens üblich und stehen dort in jeder Küche als kleine »Schatzkisten« bereit, um die beliebten Gewürzmischungen täglich frisch zu zubereiten.
Unten links: Die Märkte sind besonders bunt, wenn ein Fest bevorsteht.
Unten rechts: Das Bananenblatt als recycelbarer Teller auf dem die Gerichte nach einer festen Regel angerichtet werden.

Ob in großen Städten oder in Dörfern, der größte Anteil des täglichen Einkaufs wird auf den zahlreichen Märkten erstanden.

DURGA PUJA

Bei diesem Fest wird der Triumph der Göttin Durga über die bösen Götter gefeiert. Jedes Jahr im Herbst fasten wir Inder sieben Tage lang, um am achten Tag sieben Mädchen in einer feierlichen Zeremonie Speisen (z. B. Puri und Halwa) und Geld zu überreichen.

Indien lädt ein

Indien ist ein riesiges Land, flächenmäßig würde Deutschland mehr als vier Mal hineinpassen. Es gibt eine Vielzahl an Regionen, die sich stark in Klima, Sprache, Esskultur und traditionellen Sitten unterscheiden. Jeder Europäer, der nach Indien reist, wird von der ersten Begegnung mit dem Subkontinent überwältigt sein und sicher wird er das Land nicht gefühlsmäßig unberührt verlassen.

Ein Land, verschiedene Sitten

In Südindien herrscht ein sehr heißes Klima und dennoch sind es die dort ansässigen Bewohner gewohnt, sehr scharf zu essen – die brennende Schärfe der Gerichte kann dem nicht vorgewarnten Esser ein tiefes Rot ins Gesicht und Tränen in die Augen treiben! Aber, so paradox es klingen mag, die scharfen Speisen erhöhen die Körpertemperatur und dadurch lässt sich die Hitze besser ertragen. Die bekanntesten Feste sind *Durga Puja* (siehe links), das für Glück und Zufriedenheit in der Familie sorgen soll, und *Pungal*, ein Tempelfest zur südindischen Erntezeit, um für eine gute Ernte zu beten. Spezialitäten zu diesen Festen sind Süßspeisen wie Milchreis (Rezept Seite 142) oder Grieß-Mandel-Dessert (Rezept Seite 144).

In der Region Punjab ist es neun Monate im Jahr wirklich heiß (bis zu 50 °C). Die Bewohner, hauptsächlich Sikhs, sind sehr religiös, aber auch offen. Typische Gerichte sind Maisfladen (Rezept Seite 42) mit Spinat oder Curry-Pakoras mit Reis. Zwei wirklich populäre Feste sind *Baisakhi*, der Beginn des neuen Jahres nach dem Sonnenkalender der Hindus, und *Holi*, ein farbenfrohes Fest zum Frühlingsbeginn. Zu *Baisakhi* bevorzugt man Kartoffelplätzchen (Rezept Seite 24) und Frittierte Vollkornfladen (Rezept Seite 40), zu *Holi* müssen es keine bestimmten Speisen sein.

Bei den Bewohnern der Region Gujrat hat die vegetarische Küche einen hohen Stellenwert, vieles wird mit Kichererbsenmehl zubereitet (z. B. Gebratene Kartoffeln, Rezept Seite 99, oder Reispfannkuchen, Rezept Seite 46). Die besonderen Feiertage sind *Navratri*, nach einer neuntägigen Fastenzeit, und *Diwali* (siehe rechts).

In Nordindien treffen sich alle Religionen und Kulturen des Landes, vor allem natürlich in der Hauptstadt Neu Delhi. Von hier stammen auch die pikanten Currys.

In keiner Ecke des Landes wird der westliche Einfluss so deutlich wie in Westindien, besonders in seiner Metropole Mumbai (früher Bombay). Die Oberschicht pflegt hier einen höheren Lebensstil, der in auffälligem Kontrast zu dem der übrigen Bevölkerung steht. Mumbai ist auch bekannt durch die dort ansässige Filmindustrie (»Bollywood«).

Fremde Einflüsse

Indien war bekanntermaßen mehr als 200 Jahre lang von den Briten besetzt und auch heute noch ist der westliche Einfluss spürbar, auch in der Küche: Mit den Briten kam der Gasherd nach Indien, es wird nicht länger ausschließlich mit dem Tandoor-Ofen (einem Erdofen) gekocht. Der Toast fügte sich in das Sortiment an indischen Broten ein und Sahne zur Verfeinerung von Gerichten kam auch neu dazu. Im Übrigen hat auch die Teekultur ihren Ursprung in Großbritannien. Wären die Briten nie in Indien gewesen, so würden die Inder womöglich keinen Tee kennen.

Sonnenaufgang in einem bevölkerungsreichen Land

Ein Tag in Indien wird traditionell mit einer Tasse Gewürztee mit Milch (Rezept Seite 153) begonnen. Nachdem sie sich frisch gemacht und ein Gebet gesprochen hat, bereitet die Hausfrau das Frühstück für die Familie zu (zwischen 8 und 10 Uhr). Sie hat meist eine Gehilfin (indisch »Maai«), die beim Zuschneiden der Zutaten hilft und nach der Mahlzeit das Geschirr abwäscht. Ein typisches indisches Frühstück besteht aus einem einfachen Paratha (Rezept Seite 44) oder einem Paratha mit Blumenkohl- oder Kartoffelfüllung und einem Lassi (Rezept Seite 153) oder einem Glas Milch.

Falls ein langer Arbeits- bzw. Schultag bevorsteht, wird dem Gatten und den Kindern gleich das Mittagessen zubereitet und mitgegeben, das, falls möglich, an der Arbeitsstelle oder Schule aufgewärmt oder eben kalt verspeist wird. Wer nichts von zu Hause mitgenommen hat, muss dennoch nicht hungern: Es gibt überall Straßenstände, wo man z. B. leckere saure Kichererbsen und Hefebrot bekommt. Das Mittagessen (zwischen 14 und 15 Uhr) fällt eher bescheiden aus: meist ein Gemüsegericht, dazu Linsen, Reis und Chapati. Am späten Nachmittag (zwischen 16 und 17 Uhr) gibt es Tee, dazu Snacks wie Samosas (Rezept Seite 37), pikante Pakoras oder auch Kekse oder Kuchen.

Zu Abend wird eher spät gegessen (zwischen 20 und 21 Uhr). Das Menü ist meist umfangreicher als zu Mittag: Es gibt drei bis vier Fleischgerichte und/oder vegetarische Gerichte, dazu wieder Chapati oder Reis. Übrigens: Das Brot wird zu jeder Mahlzeit auf jeden Fall frisch zubereitet, diesen Genuss lässt sich niemand nehmen!

DIWALI

»Das Fest der Lichter« wird immer an einem Tag im Frühling nach Vollmond gefeiert, um der Rückkehr des Prinzen Rama zu gedenken. Es ist das fröhlichste und ausgelassenste aller indischen Feste. Die indischen Geschäftsleute beginnen an diesem Tag das neue Jahr. Zu diesem Anlass werden reichlich Süßigkeiten besorgt und unter den Bekannten und Verwandten verteilt.

4
3
1
2
6
5

Die wichtigsten Zutaten

Wärmende Gewürze und feine Schärfe durch Chili und Ingwer, oft durch Joghurt gemildert, prägen die indische Küche und garantieren gesunden Genuss, der die Sinne berührt.

1. Ingwer

Er gilt in Indien als eine der beliebtesten Würz- und Heilpflanzen. Der Geschmack ist scharf und bitter zugleich. Frischen Ingwer erkennen Sie an seiner matt glänzenden, cremefarbenen Oberfläche. Wenn Sie die Möglichkeit haben, ritzen Sie ihn ein wenig mit dem Fingernagel ein: Tritt Saft aus, so ist der Ingwer perfekt. In ein feuchtes Tuch gewickelt, hält er sich im Kühlschrank über Wochen. Frischer Ingwer ist natürlich vorzuziehen, im Notfall können Sie aber auf gemahlenen zurückgreifen.

2. Tamarinde

Die Früchte des Tamarindenbaumes sind 15–20 cm lange Schoten. Ihren Ursprung hat die Tamarinde in Afrika, man kennt sie auch als indische Dattel oder Sauerdattel. Die Samen im Inneren der Frucht sind von einer dunklen, klebrigen Masse umhüllt und schmecken so sauer, dass man sie pur kaum essen kann. Die Schoten bekommt man hier nur ab und an in indischen Lebensmittelgeschäften, bei kühler Lagerung sind sie monatelang haltbar. Für die Rezepte dieses Buches habe ich Tamarindensaft und -mus aus dem Glas angegeben, ein möglicher Ersatz ist auch Mangopulver.

3. Kichererbsenmehl

Wie der Name schon sagt, wird es aus Kichererbsen hergestellt. Das Kichererbsenmehl (ind. *Gram Flour* oder *Besan*) findet in der indischen Küche als Bindemittel und zum Panieren Verwendung, es macht z. B. Frittiertes knusprig, ohne viel Fett zu absorbieren (siehe Seite 19, Küchengeheimnis). Achten Sie beim Kauf unbedingt auf das Haltbarkeitsdatum und bewahren Sie es in einer Frischhaltedose auf, denn es wird schnell ranzig.

4. Kardamom

In der Küche verwendet man die Kapselfrüchte der Kardamompflanze, die trocken aufbewahrt jahrelang halten. Es gibt zwei verschiedene Sorten: grünen und schwarzen Kardamom. Der beste kommt aus Sri Lanka und Südindien. Schon 2000 v. Chr. wurde er in Indien als Arzneimittel verwendet. Für die Rezepte dieses Buches können Sie die Kapseln sowohl ganz, als auch gemahlen verwenden. Kardamom besitzt ein sehr erfrischendes Aroma, wird daher auch gerne verwendet, um für einen angenehmen Mundgeruch zu sorgen.

5. Bockshornklee

Die Bockshornkleepflanze ähnelt dem Feldsalat. In der Küche werden die Blätter und die Samen verwendet. Die Blätter schmecken sehr bitter, sind jedoch sehr förderlich für die Verdauung. Um dieses bittere Aroma zu mildern, werden Bockshornkleeblätter meist mit anderen Gewürzen kombiniert. Es gibt sie in getrockneter Form zu kaufen, sie müssen vor dem Kochen kurz eingeweicht werden. Der Geschmack von Bockshornkleesamen ist schwer zu beschreiben: Sie verleihen indischen Gerichten ein feines, exotisches Aroma.

6. Paneer

Paneer ist ein milder Frischkäse, den Sie im sehr gut sortierten Asienladen kaufen oder auch ganz leicht selber zubereiten können (Seite 18 und 19). Geschmacklich ist es sehr neutral, lässt sich daher für pikante Speisen ebenso einsetzen wie für Desserts. Achten Sie beim Kauf darauf, dass das Paneer schön saftig ist. Im Kühlschrank hält es sich etwa 3 Tage, für eine längere Haltbarkeit in Würfel schneiden, frittieren und einfrieren.

1
4
2
6
5
3

Weitere indische Zutaten

Gewürze und Gewürzmischungen verleihen den indischen Speisen nicht nur ihr unvergleichliches Aroma, sie werden darüber hinaus gezielt wegen ihrer heilkräftigen Wirkung eingesetzt.

1. Garam Masala

Garam Masala ist ein unverzichtbares Element der indischen Küche – es verfeinert die Gerichte und verleiht ihnen einen unverwechselbaren Geschmack. Diese aromatische Gewürzmischung besteht grundsätzlich aus Kardamom, Zimt, Kreuzkümmel, Nelken, schwarzem Pfeffer, Koriander und Muskatnuss. Die meisten indischen Hausfrauen bereiten es selbst zu, wobei die Mengen der einzelnen Zutaten variieren können, hier mein Rezept: 10 Gewürznelken, 10 Pfefferkörner, je 5 schwarze und grüne Kardamomkapseln, 1 EL Korianderkörner, 1 Zimtstange, 1/2 Muskatnuss und 1 TL Kreuzkümmel in den Mörser geben und fein zerstoßen oder im Mixer fein mahlen. In einem Schraubglas behält das Garam Masala sein Aroma über Wochen, sie können es aber natürlich auch als fertige Mischung kaufen.

2. Tandoori Masala

Tandoori Masala gibt einen zarten Geschmack und ein angenehm weiches Mundgefühl. Die Gewürzmischung wird mit Joghurt vermischt zum Marinieren von Fleisch oder Gemüse verwendet. Eines der berühmtesten indischen Gerichte ist sicher das Tandoori-Huhn, das damit mariniert und dann gegrillt wird. Tandoori Masala ist kalorienarm und fördert die Verdauung. Und so wird es gemacht: 1 EL Paprikapulver, 1 TL Garam Masala (siehe oben), 1/2 TL gehackten Knoblauch, 1/2 TL Chilipulver, 1/2 TL Ingwerpulver und 1 TL Salz verrühren, fertig.

3. Chat Masala

In Indien findet dieses Gewürz vor allem bei Salaten und Chutneys Verwendung. Es ist auch hervorragend dazu geeignet, Vorspeisen einen frisch-säuerlichen Geschmack zu verleihen. Man kann im Laufe eines Tages durchaus öfter mal in Versuchung kommen, seine Snacks mit dieser aufregenden Gewürzmischung zu verfeinern … Es wird üblicherweise aus Mangopulver, Chilipulver, schwarzem Pfeffer, Salz und Garam Masala hergestellt, versuchen Sie diese Mischung: 1 TL Mangopulver, 1 TL Kreuzkümmelpulver, 1/2 TL gemahlenen schwarzen Pfeffer und 1/2 TL Salz in einem Schüsselchen mischen und über die fertigen Speisen streuen.

4. Kurkuma

Kurkuma oder Gelbwurz stammt aus Südostindien und gehört zur Familie der Ingwergewächse. Das leuchtend gelbe Pulver wird aus der Wurzel gewonnen, schon durch die Beigabe einer geringen Menge erhalten Speisen Farbe und einen würzigen Geschmack. Die Kurkumawurzel hat auch eine besondere Heilkraft: Bei Schmerzen oder inneren Beschwerden hilft ein Glas Milch mit 1/2 TL des Gewürzes. Mit Ghee (Seite 19) zu einer Salbe verarbeitet, kann man es direkt auf Wunden auftragen.

5. Mangopulver

Zur Herstellung muss die Mango ganz roh und sauer sein (grün und hart). Sie wird erst zugeschnitten und in der Sonne getrocknet. Daraus wird dann ein feines Pulver gemahlen, das eine gute Alternative zu Tamarinde und Zitronensaft darstellt. Mangopulver hat eine sehr erfrischende Wirkung, macht z. B. Hitze erträglicher. Es hält sich leider nur einige Monate, deshalb besser nur in kleinen Mengen kaufen und bald verbrauchen.

6. Ajwain

Ajwain hat einen leicht bitteren Geschmack und erinnert vom Geruch her an Thymian. Es fördert die Verdauung und wird daher gerne schwer verdaulichen Nahrungsmitteln, z. B. Gerichten mit Mehl, beigefügt. 1 TL Ajwain in lauwarmes Wasser eingerührt, hilft gegen Bauchschmerzen und Blähungen. Dieses Gewürz hält, trocken und dunkel aufbewahrt, über 1 Jahr.

3
2
6
4
5
1

Obst und Gemüse

Das tropische Klima lässt praktisch aus jedem Samenkorn eine Pflanze entstehen, wodurch es in Indien eine Vielzahl von exotischen Gemüse- und Obstsorten gibt.

1. Bittergurken
Die Bittergurke, auch Karella oder Balsambirne genannt, ist ein gurkenähnliches, hellgrünes Gemüse mit gefurchter, schrumpeliger Haut. Sie bekommen sie im Asienladen. Achten Sie beim Kauf auf eine kräftig grüne Farbe und verwenden Sie die Bittergurke möglichst noch am selben Tag, denn sie ist nicht lange haltbar. Der Geschmack ist – wie der Name schon sagt – sehr bitter, wobei die enthaltenen Bitterstoffe für eine gute Verdauung sorgen. In Indien trinkt man auch Bittergurkensaft zur Reinigung des Blutes.

2. Okra
Es handelt sich hierbei um grüne und sechskantige Langschoten aus Asien. Sie bekommen sie nicht nur in Asienläden, sondern auch in griechischen und orientalischen Geschäften. Okraschoten sind kalorienarm und enthalten reichlich Vitamin E und C. Sie sollten beim Kauf grün und knackig sein. Im Gemüsefach des Kühlschranks sind sie 3 – 4 Tage haltbar.

3. Auberginen
Man nennt sie auch Melenzani oder Eierfrüchte. Auf indischen Märkten werden sie in verschiedensten Formen und Größen angeboten. Wegen des etwas bitteren Geschmacks sollte man sie nach dem Kleinschneiden kurz in Salzwasser legen, was außerdem verhindert, dass sie sich dunkel verfärben. Achten Sie beim Kauf darauf, dass die Haut kräftig lila und glänzend ist. Auberginen sind im botanischen Sinne Früchte und sollten deshalb bei Zimmertemperatur gelagert werden. Haltbarkeit: bis zu 1 Woche.

4. Mango
Mangos sind weltweit sehr beliebt, in Indien gibt es sie in vielen Varianten. Charakteristisch ist ihr fester, recht großer Kern. Unreife Früchte werden roh als Salat und gegart als Gemüse gegessen, reife Mangos geben Desserts eine feine Note. Ist die Mango noch nicht richtig reif, so wickeln Sie sie in Zeitungspapier und lassen sie einen Tag lang ruhen. Sie reift dadurch nach.

5. Granatapfel
Die runden, apfelgroßen Früchte haben ein geleeartiges Fruchtfleisch, das mit zahlreichen Kernen durchsetzt ist. Sie sind saftig, süß-aromatisch und eine typische Obstsorte auf Indiens Märkten. Man isst das Fruchtfleisch, die Samenkerne werden getrocknet und bei manchen Gerichten als Zutat verwendet. Beliebt ist auch der Granatapfelsirup. Reife Granatäpfel besitzen eine seidig glatte, rote Farbe. Kaufen Sie nur frisch aussehende Früchte, denn die Kerne verlieren bei langer Lagerung ihren Geschmack.

6. Papaya
Papayas wachsen an palmenähnlichen Bäumen. Die birnenförmigen Früchte erreichen ein Gewicht von bis zu 6 kg, hier kommen aber nur kleinere in den Handel. Sie sind grün und haben ein hellorangefarbenes Fruchtfleisch mit schwarzen, ungenießbaren Kernen, die wie beim Kürbis in der Mitte der Frucht sitzen. Das Fruchtfleisch ist reich an Provitamin A und an Vitamin C. Reife Früchte schmecken mit etwas Zitronensaft und Zucker am besten, in unreifer Form werden sie als Gemüse zubereitet. Die enthaltenen Enzyme sorgen dafür, dass Fleisch schneller zart wird (siehe Seite 62, Tipp).

Kochen auf indische Art

In Indien wird viel im Tandoor-Ofen, einem fassförmigen Ofen aus Lehm, zubereitet. Den brauchen Sie nicht wirklich, folgende Küchenutensilien aber sind eine echte Hilfe beim Kochen auf indische Art.

Musli (Foto links)
Der indische Mörser ist aus Metall oder grobem Stein gefertigt und besteht aus Schale und Stößel. Er dient der indischen Hausfrau zum Mahlen von Kräutern und Gewürzen, speziell zur Herstellung der typisch indischen Gewürzmischungen wie z. B. Garam Masala. Wenn Sie (noch) keinen *Musli* besitzen, können Sie Ihre Gewürze aber auch im Mixer mahlen.

Kadhai
Ein *Kadhai* ist eine tiefe Gusseisenpfanne mit Henkeln an beiden Seiten. Weil der Boden dieser Pfanne wie der eines chinesischen Woks gewölbt ist, benötigt man nicht viel Öl zum Frittieren und Braten von Fleisch oder Gemüse und alles gart schnell und vitaminschonend. *Kadhais* sind hierzulande in Asienläden erhältlich, Sie können aber auch mit einer Gusseisenpfanne mit hohem Rand oder – zum Frittieren – mit einer Fritteuse arbeiten.

Tava
Eine *Tava* ist eine Art Platte aus Gusseisen mit einem Holzgriff. Form und Material verteilen die Hitze gleichmäßig und verhindern ein Anbrennen, deshalb wird sie vor allem bei der Zubereitung von Broten wie Paratha, Chapati oder Pura verwendet. Sie ist am ehesten durch eine Eisenpfanne für Pfannkuchen zu ersetzen.

Belan
Dabei handelt es sich um die dünne Teigrolle, mit der indische Hausfrauen den Teig für die Brote ausrollen.

Thali
Auf der *Thali*, einem Teller oder einer Platte aus Metall, werden alle Speisen des Menüs in kleinen Schüsseln arrangiert und serviert. Wenn Sie Ihre Gäste mit einem original indischen Essen bewirten möchten, sollten Sie sich unbedingt eine kaufen.

1. Ein *Kadhai* ist praktisch und bei indischen Hausfrauen sehr geschätzt, weil man darin mit wenig Öl braten und frittieren kann.

2. Wenn Sie häufig indisches Brot zubereiten, lohnt sich die Anschaffung einer *Tava*, in der Brote perfekt gelingen, ohne zu kleben.

3. Wenn Sie stilecht indisch kochen möchten, dann besorgen Sie sich im Asienladen ein *Belan* zum Ausrollen des Brot- und Samosateiges.

4. In Indien werden zu jedem Essen in der Familie oder für Gäste mehrere Speisen zubereitet, in Schüsseln gefüllt und auf einer *Thali* serviert.

Tipps für die indische Kochtechnik

Für indische Köchinnen und Köche sind dies selbstverständliche, tägliche Handgriffe

HÄHNCHEN HÄUTEN

1 Das Fleisch gefrieren lassen, bis es fest, aber noch nicht hart ist.

2 Die Hühnchenhaut mit einem sauberen Küchenhandtuch ergreifen.

3 Die Haut in einem Stück vom Fleisch abziehen und wegwerfen.

GEWÜRZE ANRÖSTEN

1 Öl in einem Kadhai oder einer Pfanne auf mittlere Hitze erwärmen.

2 Zuerst die ganzen Gewürze, also Körner oder Samen, darin 1 Min. anrösten.

3 Dann die gemahlenen Gewürze hinzufügen und 1 knappe Min. weiterrösten. Vorsicht: zu viel Hitze macht die Gewürze bitter!

PANEER HERSTELLEN

1 Milch zum Kochen bringen, Zitronensaft hinzufügen und den Topf vom Herd nehmen.

2 Sobald sich dicke Flocken absetzen, durch ein Sieb abgießen.

3 Die Masse in ein sauberes Geschirrtuch geben und die restliche Flüssigkeit auspressen.

KÜCHENGEHEIMNIS

Kennen Sie Kichererbsenmehl? Als indische Köchin mit langjähriger Erfahrung verrate ich Ihnen, warum ich dieses Mehl besonders schätze – es hat nämlich drei ganz besondere Eigenschaften: Frittiertes ist oft schwer verdaulich, weil den Speisen viel Fett anhaftet. Kichererbsenmehl besitzt eine Art fettabweisende Wirkung, wodurch beim Frittieren nur wenig Fett aufgenommen wird. Ein Abfetten auf Küchenpapier ist nicht nötig und man hat nicht den Eindruck, etwas Frittiertes zu essen. Die zweite verblüffende Wirkung ist, dass es Schärfe und starke Gewürze mildert. Haben Sie z. B. bei der Zubereitung der Blumenkohlbällchen (Seite 109) versehentlich etwas zuviel von einem Gewürz zugegeben, so macht es dieses Mehr an Würze schnell wieder wett. Drittens ist Kichererbsenmehl ein tolles Bindemittel, das schon mal ein Ei ersetzen kann – für alle Allergiker eine hervorragende Alternative.

Kichererbsenmehl – eine zauberhafte Zutat

TIPP

In der indischen Küche wird häufig *Ghee*, eine Art Butterschmalz, verwendet. Sie können es ganz leicht selbst herstellen: 500 g Butter in Würfel schneiden und in einem Topf bei schwacher Hitze schmelzen, aber nicht braun werden lassen. Dann einmal aufkochen und bei kleinster Hitze etwa 30 Min. köcheln lassen, bis das *Ghee* goldfarben und ganz klar wird. Durch ein Tuch abseihen und kühl aufbewahren.

Durch die Abtrennung der Eiweißanteile lässt sich Ghee wie Butterschmalz hoch erhitzen ohne zu verbrennen.

Paneer

Paneer ist ein leichter und kalorienarmer Frischkäse, der in vielen indischen Gerichten verwendet wird. Sie bekommen Paneer in sehr gut sortierten indischen Lebensmittelgeschäften, können es aber auch ganz einfach selbst zubereiten.

Die Zubereitung

Geben Sie 2 l Milch in einen hohen Topf und bringen Sie diese zum Kochen. Bleiben Sie dabei, denn Milch kann ganz schnell überkochen! Kurz vor dem Siedepunkt fügen Sie 4 EL Zitronensaft hinzu und nehmen den Topf vom Herd. Nach kurzer Zeit setzen sich dicke Flocken an der Oberfläche ab. Gießen Sie diese Flocken samt der Molke durch ein feinmaschiges Sieb und lassen Sie sie gut abtropfen. Geben Sie die Masse in ein sauberes Geschirrtuch und pressen die restliche Flüssigkeit mit den Händen so gut wie möglich aus. Nun müssen Sie das Paneer nur noch in Würfel schneiden, dann ist es fertig für die Weiterverarbeitung.

Die Lagerung

Wenn Sie das Paneer nicht gleich (oder nicht ganz) verwenden, so legen Sie es am besten in eine Frischhaltedose oder eine Schüssel, bedecken es mit Salzwasser und stellen es zugedeckt in den Kühlschrank. So bleibt es schön saftig.

Vorspeisen

Knusprig Gebratenes, scharfe Snacks und Suppen

Die kleinen, scharf gewürzten Plätzchen aus Kartoffeln und Eiern sind ein sehr beliebter indischer Snack, den Sie am besten frisch aus der Pfanne mit einem erfrischenden Chutney servieren.

FÜR ANFÄNGER
SCHARF
AUS PUNJAB

Kartoffel-Ei-Plätzchen

ANDEY KE KEBAB

ZUBEREITUNG: 30 Min.
GARZEIT: 30 Min.
PRO STÜCK CA.: 130 kcal

FÜR 15 STÜCK:

250 g mehlig kochende Kartoffeln
Salz
6 Eier
100 g frischer Ingwer
4 grüne Chilischoten
250 g Semmelbrösel
Öl zum Frittieren

1. Die Kartoffeln waschen, in einem Topf mit Salzwasser bedecken und in etwa 30 Min. weich kochen.

2. Inzwischen in einem zweiten Topf die Eier in kochendes Salzwasser geben und in 10 Min. hart kochen. Die Eier herausnehmen, kalt abschrecken und pellen.

3. Den Ingwer schälen und in Stücke schneiden. Die Chilischoten waschen und die Stielansätze entfernen.

4. Die Kartoffeln abgießen, kalt abschrecken und pellen. Ingwer, Chilis, Kartoffeln und Eier mit $^3/_4$ TL Salz in den Mixer geben. Alles zu einer feinen Paste pürieren und die Semmelbrösel sorgfältig untermischen.

5. Aus der Kartoffel-Ei-Masse 15 kleine, ovale Plätzchen formen.

6. In einer Pfanne mit hohem Rand 4 cm hoch Öl stark erhitzen und die Plätzchen darin in 2–3 Min. braun frittieren. Mit einem Schaumlöffel herausheben. Heiß mit Joghurtchutney (Seite 136) servieren.

GARNIEREN: mit Zitronenscheiben

GETRÄNK: Gewürztee (Seite 153)

VARIANTE: Wer keine Eier mag, kann sie auch weglassen.

TIPP!

In der indischen Küche ist es nicht üblich, die Kerne der Chilischoten, in denen ein Großteil der Schärfe, aber auch des Aromas steckt, zu entfernen. Wenn Sie es nicht allzu scharf mögen, nehmen Sie lieber weniger Chilischoten, verwenden sie aber im Ganzen.

Indische Trucker stärken sich hier mit leckerem Streetfood.

Wenn Sie mal Lust auf einen »vegetarischen Hamburger« haben, sind die Kartoffelplätzchen genau richtig.

FÜR ANFÄNGER
MILD
AUS DELHI

ZUBEREITUNG: 30 Min.
BEI 6 PERSONEN PRO PORTION CA.: 300 kcal

FÜR 4–6 PERSONEN:

1 mittelgroßer Blumenkohl (etwa 500 g)
300 g Kichererbsenmehl
1 TL Ajwain (S. 13)
1/2 TL Chilipulver
1 Msp. Backpulver
1/2 TL Salz
Öl zum Frittieren

Blumenkohl im Kichererbsenteig

GOBI PAKORA

1. Den Blumenkohl putzen und in Röschen teilen, waschen und in einem Sieb gut abtropfen lassen.

2. Das Kichererbsenmehl mit Ajwain, Chilipulver, Backpulver, dem Salz und 200 ml kaltem Wasser in einer Schüssel verrühren. Der Teig sollte die Konsistenz eines Pfannkuchenteigs haben.

3. In einer Pfanne mit hohem Rand 4 cm hoch Öl stark erhitzen. Die Blumenkohlröschen in den Teig tauchen und portionsweise darin 4–5 Min. goldbraun frittieren.

4. Die fertigen Blumenkohlröschen mit dem Schaumlöffel herausheben und warm servieren. Dazu schmeckt sehr gut das Tamarindenchutney (Seite 138).

GARNIEREN: mit Chat Masala

GETRÄNK: Gewürztee (Seite 153)

VARIANTE: Statt der Blumenkohlröschen Kartoffel- oder Auberginenstücke oder dicke Zwiebelringe nehmen.

FÜR ANFÄNGER
SAFTIG
AUS PUNJAB

ZUBEREITUNG: 45 Min.
PRO PORTION CA.: 220 kcal

FÜR 4 PERSONEN:

100 g TK-Erbsen
500 g mehlig kochende Kartoffeln
Salz
2 grüne Chilischoten
1 Bund Koriandergrün
2 EL Kichererbsenmehl
1 TL Ajwain (S. 13)
1/2 TL Chilipulver
4–6 EL Öl

Kartoffelplätzchen

ALOO KI TIKI

1. Die Erbsen in ein Schüsselchen geben und bei Zimmertemperatur auftauen lassen.

2. Die Kartoffeln waschen, in einem Topf mit Salzwasser bedecken und in etwa 25 Min. gar kochen. Anschließend kalt abschrecken, pellen und fein zerdrücken.

3. Die Chilischoten waschen und die Stielansätze entfernen. Die Schoten längs halbieren und in feine Streifen schneiden. Den Koriander waschen und trockenschütteln, die Blättchen abzupfen und fein hacken.

4. In einer großen Schüssel Kartoffeln, Chilischoten, gehacktes Koriandergrün, aufgetaute Erbsen, Kichererbsenmehl, Ajwain, Chilipulver und 3/4 TL Salz gründlich vermischen.

5. Das Öl in einer Pfanne erhitzen. Inzwischen aus der Kartoffelmasse etwa 12 Plätzchen von 8–10 cm Ø formen. In die Pfanne geben und von jeder Seite etwa 2 Min. goldbraun braten. Warm mit einem Dip, z. B. dem Tamarindenchutney (Seite 138) servieren.

GARNIEREN: mit Zwiebelringen

GETRÄNK: Fruchtcocktail

VARIANTE: Sie können nach Belieben etwas geraspeltes Gemüse (z. B. Blumenkohl oder Möhre) unter die Kartoffelmasse mischen.

Hier zwei edle Vorspeisen, die Sie gut vorbereiten können, und – wenn Ihre Gäste da sind – nur noch braten müssen.

FÜR ANFÄNGER
KALORIENARM
AUS NORDINDIEN

ZUBEREITUNG: 30 Min.
MARINIERZEIT: 4–5 Std.
PRO PORTION CA.: 220 kcal

FÜR 4 PERSONEN:

500 g Hähnchenbrustfilets
50 g frischer Ingwer
3–4 Knoblauchzehen
200 g Joghurt
1 EL Tandoori Masala (S. 13)
2 EL Zitronensaft
1/2 TL Salz
2 EL Öl
1 EL Chat Masala (S. 13)

Marinierte Hähnchenfilets

MURG TIKKA

1. Die Hähnchenbrustfilets waschen, mit Küchenpapier abtrocknen und in jeweils 4–5 gleich große Stücke schneiden.

2. Den Ingwer schälen und fein reiben. Den Knoblauch schälen und fein hacken. Beides mit dem Joghurt, Tandoori Masala, Zitronensaft und Salz verrühren.

3. Die Fleischstücke in die Marinade einlegen und zugedeckt 4–5 Std. im Kühlschrank marinieren.

4. Das Öl in einer Pfanne erhitzen und die marinierten Fleischstücke darin rundherum 7–10 Min. braten.

5. Die gebratenen Hähnchenteile mit Chat Masala bestreuen und sofort heiß servieren. Dazu passt sehr gut das Pfefferminzchutney (Seite 138).

GARNIEREN: mit Zwiebelringen

GETRÄNK: Sharbat (Seite 153)

VARIANTE: Jeweils 2 marinierte Fleischstücke auf einen Holzspieß stecken und von beiden Seiten jeweils 5 Min. braten.

FÜR GEÜBTE
FÜR GÄSTE
AUS SÜDINDIEN

ZUBEREITUNG: 30 Min.
MARINIERZEIT: 1 Std.
PRO PORTION CA.: 155 kcal

FÜR 4 PERSONEN:

12 geschälte Riesengarnelen
50 g frischer Ingwer
2 Knoblauchzehen
4 EL Joghurt
2 TL Zitronensaft
1 TL gemahlener Kreuzkümmel
1/2 TL Garam Masala (S. 13)
1/2 TL Salz
Pfeffer
50 g Butter

Tandoori-Garnelen

TANDOORI JEENGA

1. Die Garnelen waschen und mit Küchenpapier trockentupfen. Den Ingwer schälen und fein reiben, den Knoblauch schälen und fein hacken.

2. Den Joghurt in eine Schüssel geben, mit einem Schneebesen glatt rühren und Ingwer, Knoblauch, Zitronensaft, Kreuzkümmel, Garam Masala, Salz und 1 Prise Pfeffer untermischen.

3. Die Riesengarnelen in diese Marinade geben, wenden und zugedeckt 1 Std. im Kühlschrank marinieren.

4. In einer Pfanne die Butter bei mittlerer Hitze schmelzen lassen. Die Garnelen darin 3–4 Min. braten und sofort heiß servieren. Dazu passen alle Chutneys von Seite 136–138.

GARNIEREN: In jede gebratene Garnele einen Holzzahnstocher stecken und als Fingerfood servieren.

GETRÄNK: Fruchtcocktail

VARIANTE: Statt der Riesengarnelen können Sie auch festfleischigen Fisch wie Seehecht oder Seeteufel verwenden.

Frisch gemahlene, aromatische Gewürze sind das A und O der indischen Küche.

FÜR GEÜBTE
GESUND
FÜR PARTYS UND FESTE

ZUBEREITUNG: 45 Min.
PRO PORTION CA.: 180 kcal

FÜR 4 PERSONEN:

100 g mehlig kochende Kartoffeln
100 g Möhren
100 g Blumenkohl
100 g Spinat
100 g Paneer (S. 18/19)
3 EL Kichererbsenmehl
1 TL Chilipulver
1 TL Ajwain (S. 13)
Salz | Öl zum Frittieren

Grüne Röllchen

HARE KEBAB

1. Die Kartoffeln und Möhren schälen, waschen und reiben. Den Blumenkohl putzen, waschen und reiben. Den Spinat waschen, verlesen und in sehr feine Streifen schneiden. Das Paneer mit den Fingern sehr fein zerbröseln.

2. Kartoffeln, Möhren, Blumenkohl, Spinat und Paneer in eine große Schüssel geben und Kichererbsenmehl, Chilipulver, Ajwain und 1/2 TL Salz untermischen.

3. Die Hände mit Wasser befeuchten und aus der Masse 12–15 Röllchen formen (wie Cevapcici).

4. In einer Pfanne mit hohem Rand 4 cm hoch Öl erhitzen und die Röllchen darin rundherum in 3–4 Min. goldbraun braten. Heiß mit dem Joghurtchutney (Seite 136) servieren.

GETRÄNK: Lassi (Seite 153)

TIPP!
Die Grünen Röllchen sind ein schöner leichter Imbiss für Sommerabende.

FÜR ANFÄNGER
SAFTIG
FÜR FEINSCHMECKER

ZUBEREITUNG: 30–40 Min.
MARINIERZEIT: 40 Min.
PRO PORTION CA.: 310 kcal

FÜR 4 PERSONEN:

750 g Paneer (S. 18/19)
1 Bund Pfefferminze
2 grüne Chilischoten
1 EL Zitronensaft
1 EL gemahlene Granatapfelkerne
250 g Joghurt
2 EL Kichererbsenmehl
1 TL Chat Masala (S. 13)
Öl für das Backblech

Käsespießchen

PANEER TIKKA

1. Das Paneer in 2–3 cm große Würfel schneiden und auf einem großen Teller verteilen.

2. Die Pfefferminze waschen und trockenschütteln, die Blätter abzupfen und grob hacken. Die Stielansätze der Chilischoten entfernen. Minzeblätter, Chilischoten, Zitronensaft und gemahlene Granatapfelkerne in den Mixer geben und zu einer feinen Paste pürieren.

3. Joghurt und Kichererbsenmehl unter die Paste mengen und auf die Paneer-Stücke verteilen. Bei Zimmertemperatur 40 Min. zugedeckt durchziehen lassen.

4. Den Backofen auf 180° (Umluft 160°) vorheizen. Ein Backblech mit dem Öl einfetten und die Paneer-Stücke darauf legen. Im Backofen (Mitte) 20–25 Min. goldbraun backen. Heiß servieren.

GARNIEREN: Legen Sie eine Servierplatte mit Salatblättern aus, versehen Sie jedes Paneer-Stück mit einem Zahnstocher und richten die Käsespießchen darauf an.

GETRÄNK: Sharbat (Seite 153)

FÜR GEÜBTE
PIKANT
AUS HAIDERABAD

ZUBEREITUNG: 45 Min.
PRO PORTION CA.: 425 kcal

FÜR 4 PERSONEN:

50 g frischer Ingwer
1 Zwiebel | 2 Knoblauchzehen
500 g Lammhackfleisch
1 TL Chilipulver
1 EL Kichererbsenmehl
1 Ei | Salz
Öl zum Frittieren

Fleischbällchen

SHAMI KEBAB

1. Den Ingwer, die Zwiebel und die Knoblauchzehen schälen und alles fein hacken. In einer großen Schüssel das Hackfleisch mit Ingwer, Zwiebel, Knoblauch, Chilipulver, Kichererbsenmehl, dem Ei und 1/2 TL Salz gut vermischen.

2. Mit angefeuchteten Händen 10–12 Bällchen von etwa 5 cm Ø formen.

3. In einer Pfanne mit hohem Rand 4 cm hoch Öl auf mittlere Hitze erwärmen und die Bällchen darin 5–6 Min. goldbraun backen. Heiß servieren!

GARNIEREN: mit Zwiebelringen und Zitronenscheiben

GETRÄNK: kaltes Bier

Die Linsensuppe ist leicht verdaulich und sehr gesund und ist deshalb in Indien ein bewährtes Hausmittel z. B. bei Grippe.

Linsensuppe

DAL SHORBA

FÜR ANFÄNGER
SCHNELL
KLASSIKER

ZUBEREITUNG: 35 Min.
BEI 6 PORTIONEN PRO PORTION CA.: 180 kcal

FÜR 4–6 PERSONEN:

100 g rote Linsen
100 g gelbe Linsen
1 TL Kurkuma (S. 13)
1 TL Salz
1 Möhre
1 Stiel Koriandergrün (ersatzweise Petersilie)
1 EL Ghee (S. 19)
2 EL Zitronensaft
1/2 TL schwarzer Pfeffer

1. Beide Linsensorten in ein Sieb geben und gründlich waschen. Die Linsen in einen Topf mit 1 l Wasser geben. Kurkuma und Salz hinzufügen. Die Linsen aufkochen lassen und bei mittlerer Hitze offen in 15–20 Min. garen.

2. Inzwischen die Möhre waschen, schälen und fein reiben. Das Koriandergrün waschen und trockenschütteln, die Blättchen abzupfen und fein hacken.

3. Das Ghee in einer Pfanne schmelzen lassen. Geriebene Möhre und gehacktes Koriandergrün hinzufügen und 1/2 Min. bei starker Hitze braten.

4. Die Möhrenmischung unter die Linsen rühren. Vor dem Servieren den Zitronensaft dazugeben und die Linsensuppe mit dem Pfeffer bestreuen.

GARNIEREN: Auf jede Portion 1 TL Joghurt setzen.

GETRÄNK: Wasser

VARIANTE: Sie können für die Suppe auch jede andere Linsensorte verwenden.

Joghurt-Curry-Suppe

DAHI KA SHORBA

FÜR ANFÄNGER
SÄUERLICH
AUS SÜDINDIEN

ZUBEREITUNG: 40 Min.
BEI 6 PORTIONEN PRO PORTION CA.: 135 kcal

FÜR 4–6 PERSONEN:

500 g Joghurt
3 EL Kichererbsenmehl
1/2 TL Kurkuma (S. 13)
1/2 TL Salz
2 EL Öl
3 Lorbeerblätter
1/2 TL Bockshornkleesamen (S. 11)
1 Stiel Koriandergrün
1/2 TL Ingwerpulver

1. Joghurt und Kichererbsenmehl in einer Schüssel mit einem Schneebesen glatt rühren. Danach 1,5 l Wasser, Kurkuma und das Salz untermischen.

2. Das Öl in einem Topf erhitzen. Die Lorbeerblätter und die Bockshornkleesamen darin etwa 1/2 Min. anrösten. Die Joghurtmischung hinzufügen und bei mittlerer Hitze 20–25 Min. offen kochen lassen. Vorsicht: Die Suppe kann leicht überkochen, deshalb immer dabei bleiben und eventuell den Topf kurz vom Herd nehmen!

3. Das Koriandergrün waschen und trockenschütteln, die Blätter abzupfen und grob hacken.

4. Die Suppe durch ein Sieb in einen Suppentopf abgießen. Das gehackte Koriandergrün und das Ingwerpulver über die fertige Suppe streuen.

GETRÄNK: Sharbat (Seite 153)

TIPP!
Wenn Sie die Suppe mit nur der halben Menge Wasser zubereiten, wird sie dickflüssiger und Sie können sie mit Reis als Hauptgericht servieren.

Die Straßenhändler sind wahre Meister im Beladen ihrer Fahrräder.

Diese beiden edlen Vorspeisen empfehle ich Ihnen für liebe Gäste, die Sie ganz besonders verwöhnen möchten.

FÜR GEÜBTE
KALORIENARM
AUS BENGAL

ZUBEREITUNG: 45 Min.
PRO PORTION CA.: 260 kcal

FÜR 4 PERSONEN:

700 g Seehechtfilets
50 g frischer Ingwer
6 Knoblauchzehen
4–5 EL Joghurt
2 EL Zitronensaft
1 TL Chilipulver
1/2 TL Salz
4 EL Öl
1 TL Chat Masala (S. 13)

Marinierter Ingwerfisch

TALI HUI MACHCHI

1. Den Fisch waschen und mit Küchenpapier abtrocknen. Die Filets quer zur Faser in 2 cm breite Streifen schneiden und auf einen Teller legen.

2. Den Ingwer und den Knoblauch schälen und grob zerkleinern. Beides mit dem Joghurt, Zitronensaft, Chilipulver und Salz in den Mixer geben und zu einer feinen Paste pürieren.

3. Die pürierte Würzmischung über die Filetstreifen geben, sodass der Fisch rundherum bedeckt ist.

4. Das Öl in einer Pfanne erhitzen und den Fisch darin bei mittlerer Hitze von jeder Seite 3 Min. goldbraun braten. Mit Chat Masala bestreuen und warm servieren! Dazu schmeckt ein grüner Salat sehr gut.

GARNIEREN: mit Zitronenscheiben

GETRÄNK: Sharbat (Seite 153)

VARIANTE: Sie können jeden Fisch verwenden, zarte Sorten wie Schollenfilets allerdings nur 1 Min. pro Seite backen.

FÜR GEÜBTE
FÜR FEINSCHMECKER
KLASSIKER

ZUBEREITUNG: 30 Min.
PRO PORTION CA.: 185 kcal

FÜR 4 PERSONEN:

12 Riesengarnelen (küchenfertig geschält)
1 Ei
1 EL Maisstärke
1/2 TL Chilipulver
1 EL Zitronensaft
Salz
50 g Vermicelli (Fadennudeln aus Weizenmehl)
Öl zum Frittieren

Knuspergarnelen

JEENGA PAKORA

1. Die Garnelen waschen und mit Küchenpapier abtrocknen. Die Garnelen jeweils mit einem scharfen Messer in der Mitte einstechen, damit die Gewürze besser eindringen können, und nebeneinander auf einen Teller legen.

2. Das Ei in einer Schüssel mit der Maisstärke, dem Chilipulver, Zitronensaft und 1 Prise Salz verquirlen. Die Eimischung über die Garnelen verteilen, sodass sie rundherum bedeckt sind.

3. Die Vermicelli fein zerdrücken und auf einen zweiten Teller geben. Die Garnelen etwas abtropfen lassen und in den Vermicelli wenden.

4. In einer Pfanne mit hohem Rand 3 cm hoch Öl erhitzen und die panierten Garnelen darin bei mittlerer Hitze in 2–3 Min. goldbraun backen.

GARNIEREN: Eine Platte mit Salatblättern belegen, die Garnelen darauf anrichten und mit Zitronenscheiben garnieren.

GETRÄNK: exotischer Cocktail (z. B. Ladykiller) oder Whisky

VARIANTE: Sie können auch Paneer-Stücke mit Vermicelli panieren und mit Tomatenscheiben garniert servieren.

Hübsch auf Bananenblättern präsentiert, warten diese Fische auf Käufer.

Die Erdnussbällchen lassen sich auch in größeren Mengen leicht herstellen, eignen sich also prima als leckerer Partysnack.

Erdnussbällchen

MOONGFALI KE GOLE

FÜR GEÜBTE
NUSSIG
KLASSIKER

ZUBEREITUNG: 30 Min.
PRO PORTION CA.: 380 kcal

FÜR 4 PERSONEN:

- 200 g mehlig kochende Kartoffeln
- 100 g Sago (S. 161)
- 200 g gesalzene Erdnüsse
- 1/2 TL Chilipulver
- 1/2 TL Salz
- Öl zum Frittieren

1. Die Kartoffeln waschen, in einem Topf mit Wasser bedecken und in 20–25 Min. weich kochen. Abgießen, etwas abkühlen lassen und pellen.

2. Inzwischen den Sago etwa 10 Min. in kaltem Wasser einweichen, dann durch ein Sieb abgießen.

3. Kartoffeln, Sago, Erdnüsse, Chilipulver und Salz in den Mixer geben und zu einer feinen Paste pürieren.

3. Aus der Erdnuss-Kartoffel-Masse mit angefeuchteten Händen 15–16 kleine Bällchen formen.

4. In einer Pfanne mit hohem Rand 3 cm hoch Öl auf mittlere Hitze erwärmen und die Erdnussbällchen darin portionsweise in 3–4 Min. goldbraun frittieren. Mit einem Schaumlöffel herausheben und auf Küchenpapier abtropfen lassen. Kalt oder warm mit Pfefferminzchutney (Seite 138) servieren.

GARNIEREN: Für Partys mit Holzspießchen versehen und als Fingerfood servieren.

GETRÄNK: kaltes Bier

VARIANTE: Statt der Erdnüsse können Sie auch Cashewkerne verwenden.

Indische Pfannkuchen

PURA

FÜR ANFÄNGER
SCHNELL
AUS PUNJAB

ZUBEREITUNG: 20 Min.
PRO STÜCK CA.: 190 kcal

FÜR 5 STÜCK:

- 1 Zwiebel
- 50 g frischer Ingwer
- 2 grüne Chilischoten
- 200 g Kichererbsenmehl
- 3/4 TL Salz
- Öl zum Braten

1. Die Zwiebel und den Ingwer schälen und beides sehr fein hacken. Die Chilischoten waschen, längs aufschneiden, Stielansatz und Kerne entfernen und fein schneiden.

2. Das Kichererbsenmehl mit der Zwiebel, Ingwer, Chilischoten und Salz in eine Schüssel geben. Mit dem Schneebesen etwa 120 ml Wasser kräftig unterrühren, sodass ein glatter Pfannkuchenteig ohne Klümpchen entsteht.

3. Jeweils 1 EL Öl in einer Pfanne erhitzen. Eine kleine Schöpfkelle Teig hineingeben und dünn ausstreichen. Von jeder Seite 2 Min. goldbraun ausbacken. Auf diese Weise nacheinander fünf Pfannkuchen backen und heiß servieren.

GARNIEREN: In Indien legt man jeweils einen Pfannkuchen auf ein Chapati-Brot (Seite 40), rollt es auf und beißt einfach hinein.

GETRÄNK: Sharbat (Seite 153)

Samosas sind kalt oder warm ein beliebter Partysnack, eignen sich aber auch prima als Vorspeise oder Hauptgericht.

Gefüllte Teigtaschen

SAMOSA

1. Für den Teig das Mehl mit dem Öl, Salz und 1/8 l Wasser vermengen und durchkneten. Zu einer Kugel formen und zugedeckt bei Zimmertemperatur 30 Min. ruhen lassen.

2. Inzwischen die Kartoffeln waschen, in einem Topf mit Wasser bedecken und in 20–25 Min. weich kochen. Abgießen, pellen und in kleine Stücke schneiden.

3. Das Öl in einer Pfanne erhitzen und alle Gewürze darin bei mittlerer Hitze etwa 1 Min. anrösten. Kartoffeln und Erbsen hinzufügen und 2–3 Min. mitbraten. Das Salz unterrühren, vom Herd nehmen und abkühlen lassen.

4. Den Teig in 12 Portionen teilen und zu Kugeln formen. Auf der bemehlten Arbeitsfläche jeweils zu Kreisen von etwa 15 cm Ø ausrollen und mit einem Messer halbieren. Auf jeden Teighalbkreis etwa 2 EL Füllung geben, zu Täschchen zusammenklappen und die Ränder gut zusammendrücken, damit die Füllung nicht herausquellen kann.

5. In einer Pfanne mit hohem Rand 5 cm Öl auf mittlere Hitze erwärmen und die Teigtäschchen darin portionsweise von jeder Seite 4 Min. goldbraun und knusprig ausbacken.

GETRÄNK: Gewürztee (Seite 153)

VARIANTE: Sie können die Samosas auch mit einer Gemüse-, Hackfleisch- oder Käsefüllung zubereiten.

TIPP!

Die richtige Temperatur beim Frittieren ist wichtig: Wenn Sie merken, dass die Samosas zu schnell braun werden, die Hitze etwas reduzieren.

FÜR GEÜBTE
KNUSPRIG
KLASSIKER

ZUBEREITUNG: 1 Std.
RUHEZEIT: 30 Min.
PRO STÜCK CA.: 100 kcal

FÜR 24 STÜCK:

Für den Teig:

250 g Mehl (Type 405)
5 EL Öl
1/2 TL Salz
Mehl für die Arbeitsfläche

Für die Füllung:

600 g mehlig kochende Kartoffeln
2 EL Öl
1 TL Kreuzkümmel
1 TL gemahlener Koriander
1/2 TL Chilipulver
1/2 TL Mangopulver (S. 13)
150 g Erbsen (frisch oder TK)
1 TL Salz
Öl zum Frittieren

1. Die Teigkugeln zu Kreisen ausrollen, mit einem Messer in der Mitte durchschneiden und jede Teighälfte mit etwa 2 EL Füllung belegen.

2. Teig über der Füllung zusammenklappen und an den Rändern sehr fest zusammendrücken, damit nichts herausquellen kann.

3. Die Täschchen in Öl goldbraun frittieren, mit einem Schaumlöffel herausheben und auf Küchenpapier abtropfen lassen.

BROT & REIS

Mal einfache Beilage, mal würziges Hauptgericht

Am besten schmecken die Brote frisch gebacken und warm.

FÜR GEÜBTE
GESUND
KLASSIKER

ZUBEREITUNG: 30 Min.
BEI 12 STÜCK PRO STÜCK CA.: 85 kcal

FÜR 10–12 STÜCK:

300 g Vollkornmehl (Type 550)
Mehl für die Arbeitsfläche

Vollkornbrot

CHAPATI

1. Das Mehl in eine große Schüssel sieben. 175 ml lauwarmes Wasser dazugeben und in 6–8 Min. zu einem weichen, glatten Teig verkneten.

2. Eine Tava (Seite 17) oder eine Gusseisenpfanne 5 Min. bei mittlerer Hitze vorwärmen. Den Teig in 10–12 Portionen teilen. Die Hände mit Mehl bestäuben und daraus Kugeln formen. Die Kugeln auf der bemehlten Arbeitsfläche zu Kreisen von etwa 14 cm Ø ausrollen.

3. Die Fladen einzeln in der Pfanne bei schwacher Hitze etwa 2 Min. ohne Fett backen, bis sie auf der Unterseite braune Flecken bekommen. Wenden und auf der anderen Seite in etwa 30 Sek. fertig backen.

TIPP!
Die Chapati passen zu allen Gemüse- und Fleischgerichten.

FÜR ANFÄNGER
PIKANT
AUS GUJARAT

ZUBEREITUNG: 35 Min.
PRO STÜCK CA.: 175 kcal

FÜR 10 STÜCK

50 g frischer Ingwer
1 Zwiebel
2 grüne Chilischoten
1/2 Bund Koriandergrün
300 g Vollkornmehl (Type 550)
100 g Kichererbsenmehl
1 1/2 TL Ajwain (S. 13)
1 TL Salz
3 EL Öl
5 TL Ghee (S. 19)
Mehl für die Arbeitsfläche

Gewürztes Brot

MISSI ROTI

1. Den Ingwer und die Zwiebel schälen und fein würfeln. Die Chilischoten waschen, den Stielansatz entfernen und ebenfalls fein würfeln. Das Koriandergrün waschen und trockenschütteln, die Blätter abzupfen und fein hacken.

2. Die beiden Mehlsorten mit dem Ingwer, der Zwiebel, Chili, Koriander, Ajwain, Salz, Öl und 170 ml lauwarmem Wasser in eine Schüssel geben und zu einem geschmeidigen Teig verkneten.

3. Den Teig in 10 Portionen teilen und zu Kugeln formen. Die Teigkugeln auf der bemehlten Arbeitsfläche zu Kreisen von etwa 12 cm Ø ausrollen.

4. Eine Tava (Seite 17) oder eine Pfanne erhitzen und die ausgerollten Brote nacheinander bei mittlerer Hitze in 2 Min. pro Seite goldbraun braten. Dazwischen das Brot mit etwas Ghee bestreichen und mehrmals wenden.

TIPP!
Die gewürzten Brote schmecken gut zu Naturjoghurt oder einem indischen Joghurtgetränk (Seite 153).

FÜR GEÜBTE
KLASSIKER
GESUND

ZUBEREITUNG: 20 Min.
PRO STÜCK CA.: 260 kcal

FÜR 10 STÜCK:

500 g Vollkornmehl (Type 550)
5 EL Öl
Öl zum Frittieren

Frittierter Vollkornfladen

PURI

1. Das Mehl in eine Schüssel geben und 4 EL Öl mit den Fingerspitzen einarbeiten. 1/4 l warmes Wasser hinzufügen und unterkneten. Den Teig 10 Min. weiterkneten, bis er glatt ist.

2. Den Teig in 10 Portionen teilen und zu Kugeln formen. Die Kugeln ins übrige Öl eintunken und zu Kreisen von 7–8 cm Ø ausrollen. In Indien benutzt man dazu ein dünnes Nudelholz namens Belan (Seite 17).

3. In einem Kadhai (Seite 17) oder einer Pfanne mit hohem Rand 4 cm hoch Öl erhitzen und, bevor es zu rauchen anfängt, die Hitze auf mittlere Stufe reduzieren. Jeden Teigfladen vorsichtig auf die Oberfläche des Öls geben und mit einer Schaumkelle schnell in das Öl drücken. Innerhalb von Sekunden wird er sich aufblähen.

4. Das Brot umdrehen, herausnehmen und auf Küchenpapier abtropfen lassen.

Diese beiden Brotspezialitäten stammen aus der Region Punjab im Norden, sozusagen der Kornkammer Indiens.

Frittiertes Hefebrot

BHATURA

FÜR GEÜBTE
SAFTIG
AUS PUNJAB

ZUBEREITUNG: 30 Min.
RUHEZEIT: 1 Std.
PRO STÜCK CA.: 235 kcal

FÜR 10 STÜCK:

500 g Weizenmehl (Type 405)
2 EL Öl
2 EL Joghurt
10 g Trockenhefe
1/2 TL Salz
Mehl für die Arbeitsfläche
Öl zum Frittieren

1. In einer Schüssel das Mehl mit dem Öl, Joghurt, Hefe, Salz und 200 ml warmem Wasser vermischen und zu einem Teig kneten. An einem warmen Ort zugedeckt 1 Std. ruhen lassen.

2. Den Teig in 10 Portionen teilen und zu Kugeln formen. Die Kugeln auf der bemehlten Arbeitsfläche zu Kreisen von etwa 10 cm Ø ausrollen.

3. In einer Pfanne mit hohem Rand 4 cm hoch Öl zum Frittieren erhitzen und, bevor es zu rauchen beginnt, die Hitze auf mittlere Stufe reduzieren.

4. Die Brote einzeln auf die Oberfläche des Öls legen und mit einer Schaumkelle mehrmals bewegen und wenden.

5. Nacheinander die Hefebrote in jeweils 1/2 Min. pro Seite goldgelb bis goldbraun ausbacken, herausnehmen und auf Küchenpapier abtropfen lassen.

Maisfladen

MAKKI KI ROTI

FÜR GEÜBTE
KNUSPRIG
AUS PUNJAB

ZUBEREITUNG: 20 Min.
PRO STÜCK CA.: 370 kcal

FÜR 5 STÜCK:

6 EL Ghee (S. 19, ersatzweise Butterschmalz)
400 g fein gemahlenes Maismehl
1/2 TL Salz
Maismehl für die Arbeitsfläche

1. Das Ghee bei mittlerer Hitze zerlassen und etwas abkühlen lassen.

2. Inzwischen das Mehl mit dem Salz in eine Schüssel geben. 1/4 l sehr heißes Wasser hinzufügen und unterkneten, bis eine glatte, geschmeidige Masse entsteht. Die Hände mit flüssigem Ghee einfetten und den Teig 10 Min. weiterkneten, bis er sehr weich ist.

3. Den Teig in 5 Portionen teilen und zu Kugeln formen. Die Kugeln auf der bemehlten Arbeitsfläche zu kleinen Fladen von 10–12 cm Ø ausrollen.

4. Eine gusseiserne Pfanne bei mittlerer Hitze vorheizen. Jeden Fladen hineingeben und etwa 1 Min. braten. Mit etwas von dem restlichen Ghee bestreichen, wenden und etwa 3 Min. weiterbraten, bis die Fladen braune Flecken bekommen.

Die knusprigen Papadam können Sie zu jedem indischen Essen, aber auch einfach als Knabbergebäck zu Getränken reichen.

FÜR ANFÄNGER
MILD ODER PIKANT
KLASSIKER

ZUBEREITUNG: 5–10 Min.
PRO STÜCK CA.: 55 kcal

FÜR 4 STÜCK:

2 TL Öl

4 Papad (Papadam, aus dem asiatischen Lebensmittelladen)

Papadam

1. Jeweils 1/2 TL Öl in eine Pfanne geben und auf mittlere Hitze erwärmen. 1 Papad hineinlegen und in Bewegung halten. Innerhalb von Sekunden fängt es an zu knistern und das Papad wird knusprig.

2. Mit einer Gabel wenden, kurz darauf herausnehmen und zum Abtropfen auf Küchenpapier geben. So nacheinander alle Papadam aufbacken.

TIPP!

Die Papadam gibt es in verschiedenen Geschmacksrichtungen, z. B. mit Kreuzkümmel oder Chili gewürzt.

FÜR GEÜBTE
FÜR FESTE
AUS NORDINDIEN

ZUBEREITUNG: 20 Min.
PRO STÜCK CA.: 320 kcal

FÜR 8 STÜCK:

500 g Weizenmehl (Type 405)

100 g Ghee (S. 19, ersatzweise Butterschmalz)

Gebratenes Brot

PARATHA

1. Das Mehl in eine Schüssel geben und mit 1/4 l warmem Wasser so lange kneten, bis ein weicher Teig entsteht. Das Ghee bei mittlerer Hitze zerlassen.

2. Eine Tava (Seite 17) oder eine Pfanne erhitzen, dann die Hitze etwas reduzieren.

3. Den Teig in 8 Portionen teilen und zu Kugeln formen. Jeweils zu nicht zu dünnen Kreisen von 5–6 cm Ø ausrollen. Mit Ghee bestreichen, erst zur Hälfte, dann zum Viertel zusammenfalten und zu großen Dreiecken ausrollen.

4. Jeweils ein Teigdreieck in die vorgeheizte Pfanne legen und mehrmals hin- und herbewegen, um ein Verkleben bzw. Anbrennen zu verhindern. Mit 1 EL Ghee bestreichen, wenden und die andere Seite ebenfalls bestreichen. Insgesamt 3–4 Min. backen. Wenn beide Seiten goldbraun und mit braunen oder auch schwarzen Flecken versehen sind, ist das Paratha fertig. So nacheinander alle Teigdreiecke backen.

TIPP!

Für größere Feste können Sie die fertigen Parathas aufeinander schichten und im Backofen bei 50° warm halten, bis alle gebacken sind.

Brot gehört zu jeder indischen Mahlzeit. Wer es nicht selbst zubereitet, kauft es wie hier täglich frisch.

Lijjat PAPAD
लिज्जत
MAHILA GRIHA UDYOG

Linsen und Reis, in vielerlei köstlichen Zubereitungen und Abwandlungen, sind die indischen Grundnahrungsmittel, die bei keinem Essen fehlen dürfen.

Reispfannkuchen

DOSA

FÜR GEÜBTE
KNUSPRIG
AUS SÜDINDIEN

ZUBEREITUNG: 30 Min.
EINWEICHZEIT: 12 Std.
RUHEZEIT: 2 Std.
PRO PORTION CA.: 345 kcal

FÜR 4 PERSONEN:

200 g Rundkornreis
100 g Urad Dal (schwarze Linsen)
1/2 TL Chilipulver
1/2 TL Salz
4 EL Öl

1. Den Reis und die Linsen in zwei Schüsseln getrennt für 12 Std. in kaltem Wasser einweichen.

2. Reis und Linsen durch ein Sieb abgießen, beides im Mixer zu einem feinen Brei pürieren. Zusammen in eine Schüssel geben und das Chilipulver und Salz untermischen. Zugedeckt 2 Std. bei Zimmertemperatur ruhen lassen.

3. Eine Pfanne auf mittlere Hitze erwärmen und mit 1/2 EL Öl einfetten. Den Reis-Linsen-Brei mit einem Schneebesen kräftig durchschlagen, bis er dickflüssig ist. Jeweils eine kleine Kelle davon in die vorgewärmte Pfanne geben und zu einem dünnen Pfannkuchen ausstreichen.

4. Die Reispfannkuchen von jeder Seite 2–3 Min. goldbraun backen. So insgesamt etwa 8 Pfannkuchen ausbacken. Dazu schmecken Saure Linsen (Seite 118).

GETRÄNKE: Bier oder Wasser

VARIANTE: Sie können die Dosas mit der Füllung der Samosas (Seite 37) servieren.

Kreuzkümmelreis

JEERE WALE CHAWAL

FÜR ANFÄNGER
MILD
AUS NORDINDIEN

ZUBEREITUNG: 30 Min.
PRO PORTION CA.: 405 kcal

FÜR 4 PERSONEN

400 g Basmati-Reis
2 EL Öl
1 TL Kreuzkümmel
1/2 TL Salz

1. Den Reis in eine Schüssel geben und mit kaltem Wasser waschen. Das Wasser dabei mehrmals wechseln und den Reis durch ein Sieb abgießen.

2. Das Öl in einem Topf erhitzen, den Kreuzkümmel hinzufügen und darin 1/2 Min. anrösten. Den Reis, 750 ml Wasser und Salz hinzufügen und bei starker Hitze 20 Min. offen kochen lassen.

3. Den Topf vom Herd nehmen und den Reis zugedeckt in etwa 5 Min. gar ziehen lassen. Heiß servieren.

TIPP!

Der Kreuzkümmelreis schmeckt hervorragend als Beilage zu allen Linsen- und Curry-Gerichten.

URD DAL CHILKA
BEST BEFORE END: SEE BACK OF PACK. MINDESTENS HALTBAR BIS:
HALVE HVIDE LINSER
500g
1.1lbs
TRS

Herrlich duftender, goldgelber Safranreis ist eine edle Beilage für besondere Gerichte und festliche Anlässe.

FÜR ANFÄNGER
MILD
AUS KASHMIR

Safranreis

KESARI CHAWAL

ZUBEREITUNG: 25 Min.
PRO PORTION CA.: 405 kcal

FÜR 4 PERSONEN:

2 EL Öl
2 cm Zimtrinde (ersatzweise 1 kleine Zimtstange)
2 Lorbeerblätter
400 g Basmati-Reis
1/2 TL Salz
1/2 TL Safranfäden

1. In einem Topf das Öl erhitzen und die Zimtrinde und die Lorbeerblätter darin 1/2 Min. bei mittlerer Hitze anrösten.

2. Den Reis gründlich waschen und durch ein Sieb abgießen. Mit 750 ml Wasser und dem Salz zu den Gewürzen in den Topf geben. Etwa 15 Min. bei starker Hitze offen kochen lassen.

3. Den Safran untermischen. Den Topf vom Herd nehmen und den Reis zugedeckt in etwa 5 Min. gar ziehen lassen.

INFO

Safran gewinnt man aus den Blütennarben des Safrankrokus. Sie müssen von Hand gepflückt werden, was den hohen Preis für Safran erklärt. Allerdings genügt auch 1 Prise, um einem Gericht den unvergleichlichen zartbitteren Geschmack zu verleihen.

FÜR GEÜBTE
PIKANT
AUS LAKHNAU

Biryani

ZUBEREITUNG: 1 Std.
PRO PORTION CA.: 635 kcal

FÜR 4 PERSONEN:

400 g Basmati-Reis
1 TL Salz
500 g Lammfleisch
1 Zwiebel
3–4 Knoblauchzehen
70 g frischer Ingwer
4 EL Öl
6 Gewürznelken
3 Lorbeerblätter
1 Zimtstange
2 EL gehackte Mandeln
100 ml Milch
1 TL Safranfäden

1. Den Reis in eine Schüssel geben, waschen und durch ein Sieb abgießen. Mit 800 ml Wasser und dem Salz in einen Topf geben und 10 Min. kochen lassen. Durch ein Sieb abgießen und beiseite stellen.

2. Das Fleisch in mundgerechte Stücke schneiden. Die Zwiebel, den Knoblauch und den Ingwer schälen und im Mixer zu einer Paste pürieren.

3. Das Öl in einem Topf erhitzen. Gewürznelken, Lorbeerblätter und Zimtstange darin 1/2 Min. anrösten. Die pürierte Masse und das Fleisch hinzufügen und bei schwacher Hitze 15–20 Min. braten, bis das Fleisch weich ist.

4. Den Backofen auf 180° (Umluft 160°) vorheizen. Das Fleisch und die beim Braten entstandene Sauce in eine feuerfeste Form füllen. Die Mandeln darüber streuen und den Reis darüber verteilen.

5. Die Milch mit dem Safran verrühren und gleichmäßig über den Reis gießen. Die Form mit Alufolie abdecken und an den Rändern gut verschließen. Das Biryani etwa 20 Min. im heißen Ofen (Mitte) backen und in der Form servieren.

GARNIEREN: Auf jede Portion 1 EL Joghurt setzen.

GETRÄNK: kaltes Bier

VARIANTE: Sie können das Biryani auch mit Hähnchenbrustfilet zubereiten; die Bratzeit des Fleisches verringert sich dabei auf etwa 10 Minuten.

Der Bunte Gemüsereis schmeckt sowohl als Beilage zu Currys als auch als vegetarisches Hauptgericht.

FÜR ANFÄNGER
PIKANT
AUS NORDINDIEN

ZUBEREITUNG: 35 Min.
PRO PORTION CA.: 455 kcal

FÜR 4 PERSONEN:

1 Zwiebel
4 EL Öl
1 TL Kreuzkümmel
6 Gewürznelken
10 schwarze Pfefferkörner
2 schwarze Kardamomkapseln
2 Lorbeerblätter
400 g Basmati-Reis
1 TL Salz

Gewürzreis

PULAO

1. Die Zwiebel schälen, längs halbieren und in Halbringe schneiden.

2. Das Öl in einem Topf erhitzen und die Zwiebelscheiben darin etwa 3 Min. bei mittlerer Hitze braun anbraten. Kreuzkümmel, Gewürznelken, Pfefferkörner, Kardamom und Lorbeerblätter hinzufügen und 1/2 Min. mitbraten.

3. Den Reis gründlich waschen und durch ein Sieb abgießen. Mit 800 ml Wasser und dem Salz zu den Gewürzen in den Topf geben. 20 Min. offen bei starker Hitze kochen lassen.

4. Den Topf vom Herd nehmen und den Gewürzreis zugedeckt in etwa 5 Min. gar ziehen lassen.

INFO

Basmati-Reis ist eine uralte, langkörnige Reissorte, die im Norden Indiens an den Hängen des Himalaya angebaut wird. Der Reis entwickelt beim Kochen einen zarten, aromatischen Duft.

FÜR GEÜBTE
PIKANT
KLASSIKER

ZUBEREITUNG: 45 Min.
BEI 6 PORTIONEN PRO PORTION CA.: 310 kcal

FÜR 4–6 PERSONEN:

400 g Basmati-Reis
1 Möhre
50 g grüne Bohnen
40 g Blumenkohl
1 Bund Koriandergrün
4 EL Öl
1 TL Kreuzkümmel
1/2 TL Kurkuma (S. 13)
1 TL gemahlener Koriander
1/2 TL Chilipulver
1 TL Salz

Bunter Gemüsereis

SABZI KA PULAO

1. Den Reis in einer Schüssel waschen und durch ein Sieb abgießen.

2. Die Möhre schaben und in 1/2 cm dicke Scheiben schneiden. Die Bohnen und den Blumenkohl putzen, waschen und in kleine Stückchen schneiden. Das Koriandergrün waschen und trockenschütteln, die Blätter abzupfen und fein hacken.

3. In einem Topf das Öl auf mittlere Hitze erwärmen. Den Kreuzkümmel darin 1/2 Min. anrösten, das geschnittene Gemüse dazugeben und 1 Min. unter Rühren anbraten.

4. Die Hitze reduzieren, Reis, Kurkuma, den gemahlenen und den gehackten Koriander, Chilipulver und Salz in den Topf geben und alles 2–3 Min. braten.

5. 800 ml Wasser dazugießen und 20 Min. bei starker Hitze offen kochen lassen. Den Topf vom Herd nehmen und den Gemüsereis zugedeckt 10 Min. ziehen lassen.

TIPP!

Als Beilage ist eines der Raitas (Seite 127–128) zu empfehlen.

In Indien isst man traditionell mit der rechten Hand – die linke gilt als unrein.

Als Beilage fast zu schade: Hier zwei indische Reisgerichte, die schon für sich kleine Köstlichkeiten darstellen.

Champignonreis

KHUMB WALE CHAWAL

FÜR ANFÄNGER
PIKANT
AUS MUMBAI

ZUBEREITUNG: 30 Min.
PRO PORTION CA.: 465 kcal

FÜR 4 PERSONEN:

400 g Basmati-Reis
150 g Champignons
2 kleine Zwiebeln
2 Knoblauchzehen
2 cm frischer Ingwer
4 EL Öl
1/2 TL Garam Masala (S. 13)
1/2 TL Salz

1. Den Reis waschen und durch ein Sieb abgießen. Die Champignons putzen, waschen, mit Küchenpapier abtrocknen und längs in Scheiben schneiden.

2. Die Zwiebeln schälen, längs halbieren und quer in sehr dünne Scheiben schneiden. Die Knoblauchzehen schälen und durch die Presse drücken. Den Ingwer schälen und fein hacken.

3. In einem Topf das Öl auf mittlere Hitze erwärmen. Zwiebeln und Knoblauch hinzufügen und darin in 3–4 Min. unter Rühren braun anbraten.

4. Die Champignons hinzufügen und 2 Min. mitbraten. Den Reis, Ingwer, Garam Masala, Salz und 800 ml Wasser dazugeben. 20 Min. bei starker Hitze offen kochen lassen.

5. Den Topf vom Herd nehmen und den Champignonreis zugedeckt weitere 5–10 Min. ruhen lassen.

TIPP!

Der Champignonreis passt besonders gut zu dem Scharfen Lamm-Curry von Seite 64.

Nussiger Reis

BADAMI CHAWAL

FÜR ANFÄNGER
MILD
KLASSIKER

ZUBEREITUNG: 30 Min.
PRO PORTION CA.: 710 kcal

FÜR 4 PERSONEN:

400 g Basmati-Reis
1 Zwiebel
4 EL Öl
6 Gewürznelken
1 Zimtstange
1/2 TL Salz
50 g Cashewkerne
100 g geschälte Mandeln
50 g Rosinen

1. Den Reis waschen und durch ein Sieb abgießen. Die Zwiebel schälen, längs halbieren und quer in sehr dünne Scheiben schneiden.

2. Das Öl in einem Topf erhitzen. Die Gewürznelken, die Zimtstange und die Zwiebelscheiben darin bei mittlerer Hitze etwa 1 Min. anrösten.

3. Den Reis, 800 ml Wasser und das Salz dazugeben, umrühren und 15 Min. offen kochen lassen.

4. Die Cashewkerne, Mandeln und Rosinen hinzufügen und unterrühren.

5. Den Topf vom Herd nehmen und den Nussigen Reis vor dem Servieren zugedeckt noch 5 Min. ruhen lassen.

TIPP!

Der Nussige Reis schmeckt sehr gut zu Huhn und Shrimps (Seite 86).

In Indien nimmt man Brot zu Hilfe, um auch Gerichte mit Sauce mit der Hand essen zu können. Auf den Fotos unten sehen Sie, wie's gemacht wird!

Gefülltes Hefebrot

BHARVA NAAN

FÜR GEÜBTE
FÜR GÄSTE
AUS NORDINDIEN

ZUBEREITUNG: 40 Min.
RUHEZEIT: 2 Std.
PRO STÜCK CA.: 330 kcal

FÜR 8 STÜCK:

Für den Teig:

500 g Weizenmehl (Type 405)
10 g Trockenhefe
2 Eier
3 EL Joghurt
3 EL Öl

Für die Füllung:

200 g mehlig kochende Kartoffeln
2 grüne Chilischoten
1 Bund Koriandergrün
1 TL Ajwain (S. 13)
1/2 TL Salz

Außerdem:

50 g Zwiebelsamen (S. 161)
Butter zum Bestreichen

1. Das Mehl und die Trockenhefe in eine Schüssel geben.

2. Eier, Joghurt und Öl verrühren und unter das Mehl mischen. Alles in etwa 5 Min. zu einem geschmeidigen Teig verkneten. Den Teig zu einer Kugel formen und zugedeckt bei Zimmertemperatur etwa 2 Std. gehen lassen.

3. Inzwischen für die Füllung die Kartoffeln waschen und in einem Topf mit Wasser bedeckt in etwa 25 Min. weich kochen. Abgießen, pellen und fein zerdrücken.

4. Inzwischen die Chilischoten waschen, die Stielansätze entfernen und fein schneiden. Den Koriander waschen und trockenschütteln, die Blätter fein hacken. In einer Schüssel die Kartoffeln mit Chilis, Koriander, Ajwain und Salz vermengen.

5. Den Backofen auf 250° vorheizen. Den Teig in 8 Portionen teilen und zu Kugeln formen. Die Kugeln jeweils zu Kreisen von etwa 8 cm Ø ausrollen. Die Füllung auf alle ausgerollten Stücke mittig verteilen. Die Ränder über der Füllung zusammenschlagen und jedes Stück zu einem Oval von etwa 20 cm Länge ausrollen.

6. Die gefüllten Brote auf Bleche legen und mit Zwiebelsamen bestreuen. Im vorgeheizten Backofen (Mitte, keine Umluft) in 4–5 Min. goldbraun backen.

7. Die Brote herausnehmen, mit etwas Butter bestreichen und heiß servieren.

VARIANTE: Sie können die gefüllten Brote auch mit Sesam bestreuen.

TIPP!

Einfaches, ungefülltes Naan ist ein sehr beliebtes indisches Brot, das zu vielen Gerichten gereicht wird. Dafür die Teigkugeln einfach gleich zu Ovalen von etwa 20 cm Länge ausrollen und mit Zwiebelsamen oder Sesam bestreut wie oben beschrieben backen und mit Butter bestreichen.

1. Um Linsen oder andere Gerichte mit Sauce stilecht mit der Hand zu essen reißt man zunächst ein mundgerechtes Stück Naan ab.

2. Nehmen Sie das Brot in die rechte Hand – die linke gilt in Indien als unrein – und umschließen damit ein wenig von dem Gericht.

3. Drücken Sie das Brot anschließend darüber etwas zusammen, sodass nichts herausfallen kann und führen Sie den Bissen zum Mund.

Fleisch- und Fischgerichte

Köstliches aus Lamm, Huhn oder Fisch

Hackfleisch ist durch mohammedanische Einflüsse in der indischen Küche heimisch geworden und ist inzwischen sehr beliebt.

Hackfleisch mit Erbsen

KEEMA MATAR

FÜR ANFÄNGER
PIKANT
AUS HAIDERABAD

ZUBEREITUNG: 30 Min.
PRO PORTION CA.: 515 kcal

FÜR 4 PERSONEN:

2 Eier
2 Zwiebeln
4 Knoblauchzehen
4 EL Öl
5 Gewürznelken
2 Lorbeerblätter
500 g gemischtes Hackfleisch
2 TL gemahlener Koriander
1 TL Kurkuma (S. 13)
150 g Tomatenpüree
200 g TK-Erbsen
3/4 TL Salz
2 Stiele Koriandergrün
50 g frischer Ingwer
1 TL Garam Masala (S. 13)

1. Die Eier in kochendes Wasser einlegen und in 10 Min. hart kochen. Mit kaltem Wasser abschrecken, pellen und für die Garnitur beiseite stellen.

2. Die Zwiebeln schälen und fein würfeln. Den Knoblauch ebenfalls schälen und durch die Knoblauchpresse drücken.

3. Das Öl in einem Topf erhitzen, die Gewürznelken und Lorbeerblätter darin 1/2 Min. anrösten. Zwiebeln und Knoblauch dazugeben und 2–3 Min. mitbraten.

4. Das Hackfleisch dazugeben und unter Rühren krümelig anbraten. Koriander, Kurkuma, Tomatenpüree, Erbsen und Salz hinzufügen. Etwa 10 Min. bei mittlerer Hitze kochen lassen, bis das Fleisch gar ist, dabei gelegentlich umrühren.

5. Das Koriandergrün waschen und trockenschütteln, die Blätter fein hacken. Den Ingwer schälen und ebenfalls fein hacken. Garam Masala, Koriandergrün und Ingwer über das fertige Gericht streuen.

6. Vor dem Servieren die Eier achteln und das Gericht damit garnieren. Dazu passt Chapati (Seite 40).

GETRÄNK: kaltes Bier

VARIANTE: Statt der Erbsen können Sie auch Kartoffelstückchen nehmen.

Gewürztes Hackfleisch

CHATPATA KEEMA

FÜR GEÜBTE
PIKANT
FÜR FEINSCHMECKER

ZUBEREITUNG: 30 Min.
PRO PORTION CA.: 385 kcal

FÜR 4 PERSONEN:

1 große Zwiebel
3–4 Knoblauchzehen
50 g frischer Ingwer
4 EL Öl
1 TL Kurkuma (S. 13)
1/2 TL Chilipulver
1 1/2 TL edelsüßes Paprikapulver
500 g Lammhackfleisch
3/4 TL Salz
2 Stiele Koriandergrün
1 TL Garam Masala (S. 13)
200 g Joghurt

1. Die Zwiebel und den Knoblauch schälen und beides fein würfeln. Den Ingwer schälen und in feine Streifen schneiden.

2. Das Öl in einem Topf erhitzen. Zwiebel, Knoblauch und Ingwer darin bei mittlerer Hitze 3–4 Min. anbraten. Kurkuma, Chili- und Paprikapulver hinzufügen und unterrühren.

3. Das Hackfleisch und das Salz dazugeben und etwa 10 Min. bei mittlerer Hitze braten, bis das Fleisch krümelig und gar ist.

4. Das Koriandergrün waschen und trockenschütteln, die Blätter fein hacken. Mit dem Garam Masala und dem Joghurt untermischen. Den Topf vom Herd nehmen und das gewürzte Hackfleisch noch etwa 5 Min. zugedeckt ziehen lassen. Als Beilage passt Brot oder Reis.

GETRÄNK: Wasser, Bier

VARIANTE: Statt Lammhack gemischtes Hackfleisch oder gehacktes Hähnchenfleisch (siehe Tipp) verwenden

TIPP!

Gehacktes aus Hähnchenfleisch gibt es nicht fertig zu kaufen, Sie müssen also selber Hähnchenbrustfilets (ohne Haut und Knochen) mit einem scharfen Messer erst in dünne Scheiben, dann in feine Streifen und kleine Würfelchen schneiden.

Fleisch mit grüner Sauce: Hier zwei klassische Rezepte – einmal mit Hühnchen, einmal mit Lammfleisch –, mit denen Sie selbst anspruchsvolle Feinschmecker begeistern werden.

Huhn mit Koriander

MURG HARA DHANIA

FÜR GEÜBTE
SCHARF
FÜR GÄSTE

ZUBEREITUNG: 30 Min.
PRO PORTION CA.: 410 kcal

FÜR 4 PERSONEN:

1 große Zwiebel
4 Knoblauchzehen
50 g frischer Ingwer
2 grüne Chilischoten
$^{1}/_{2}$ Bund Koriandergrün
1 kleines Huhn (ca. 1 kg)
4 EL Öl
Salz

Zum Garnieren:

1 Zwiebel
1 TL Garam Masala (S. 13)

1. Zwiebel, Knoblauch und Ingwer schälen und in Stücke schneiden. Die Chilischoten waschen und die Stielansätze entfernen. Das Koriandergrün waschen und trockenschütteln. Alles in einen Mixer geben und fein pürieren; falls die Masse sehr trocken ist, 1 EL Wasser hinzufügen.

2. Das Huhn häuten und in 8 Stücke teilen (siehe Seite 79). Das Öl in einem Topf erhitzen. Die Würzpaste darin 3 Min. bei mittlerer Hitze unter Rühren anbraten.

3. Die Hühnchenteile in den Topf geben, salzen und etwa 10 Min. bei mittlerer Hitze braten, bis das Fleisch gar ist. Zwischendurch regelmäßig umrühren und die Hähnchenteile wenden, damit nichts am Topfboden anklebt.

4. Vor dem Servieren die Zwiebel schälen und in dünne Ringe schneiden. Das fertige Hühnchen auf Teller verteilen, mit Garam Masala bestreuen und mit den Zwiebelringen garnieren. Dazu schmeckt der Nussige Reis (Seite 52) besonders gut.

GETRÄNK: Rotwein

VARIANTE: Schmeckt auch mit Lammfleisch sehr gut; je nach Stück erhöht sich dabei die Garzeit um 10–20 Min.

Lamm mit Spinat

GOSHT PALAK WALA

FÜR GEÜBTE
PIKANT
AUS DELHI

ZUBEREITUNG: 45 Min.
PRO PORTION CA.: 330 kcal

FÜR 4 PERSONEN:

2 Zwiebeln
5 Knoblauchzehen
700 g mageres Lammfleisch
200 g Spinat
3 Tomaten
5 EL Öl
3 Lorbeerblätter
8 Gewürznelken
1 TL Kurkuma (S. 13)
1 TL Chilipulver
$^{3}/_{4}$ TL Salz
1 TL Garam Masala (S. 13)

1. Die Zwiebeln und den Knoblauch schälen und in feine Stücke schneiden. Das Fleisch in mundgerechte Stücke schneiden.

2. Den Spinat gründlich waschen und fein schneiden. Die Tomaten waschen und in Würfel schneiden, dabei jeweils den Stielansatz entfernen.

3. Das Öl in einem Topf erhitzen und die Lorbeerblätter und die Gewürznelken darin $^{1}/_{2}$ Min. anrösten. Zwiebeln und Knoblauch dazugeben und kurz mitbraten. Kurkuma und Chilipulver untermischen.

4. Das Fleisch hinzufügen und etwa 10 Min. bei mittlerer Hitze braten. Die Tomaten dazugeben und etwa 2 Min. weiterbraten.

5. Salz und den Spinat unter das Fleisch mischen und zugedeckt noch 10 Min. bei schwacher Hitze ziehen lassen. Vor dem Servieren mit Garam Masala bestreuen. Dazu passt einfaches Naan (Seite 55).

GETRÄNK: Bier

VARIANTE: Statt Lammfleisch Hähnchenbrustfilet nehmen; dabei genügt es, das Fleisch 5 Min. anzubraten, bevor die Tomaten und später der Spinat untergemischt werden.

In Indien werden die Kühe nach wie vor als heilig verehrt, dennoch wird inzwischen ab und an Rindfleisch gegessen.

FÜR GEÜBTE
SCHARF
AUS SÜDINDIEN

Rindfleisch-Curry

GOSHT MADRAS

ZUBEREITUNG: 1 Std.
PRO PORTION CA.: 565 kcal

FÜR 4 PERSONEN:

1 kg Rindfleisch (von der Schulter, ohne Knochen)
4 Zwiebeln
6 Knoblauchzehen
6 EL Öl
1/2 TL Ingwerpulver
1/2 TL Chilipulver
1 EL edelsüßes Paprikapulver
1 TL grob gemahlener schwarzer Pfeffer
3/4 TL Salz
250 g Joghurt

1. Das Fleisch waschen, abtrocknen und in 4 cm große Stücke schneiden. Die Zwiebeln und den Knoblauch schälen und beides fein würfeln.

2. Das Öl in einem ofenfesten Topf erhitzen. Erst den Knoblauch, dann die Zwiebeln darin etwa 3 Min. bei mittlerer Hitze goldbraun anbraten.

3. Den Backofen auf 180° vorheizen. Das Fleisch in den Topf geben und das Ingwerpulver, das Chilipulver, den Paprika, den Pfeffer und das Salz hinzufügen. 10–15 Min. bei mittlerer Hitze braten, gelegentlich umrühren.

4. Den Joghurt und 150 ml Wasser unterrühren. Den Topf zudecken (oder mit Alufolie abdecken), in den heißen Backofen stellen (Mitte, Umluft 160°) und 40 Min. schmoren lassen. Dazu schmecken Naan (Seite 55) oder Champignonreis (Seite 52).

GARNIEREN: Auf jede Portion 1 EL Joghurt geben.

GETRÄNK: kräftiger, nicht zu trockener Rotwein

VARIANTE: Dieses Gericht lässt sich auch sehr gut mit Lammfleisch zubereiten.

TIPPS!

Wenn Sie – wie für dieses Gericht– Knoblauch schälen müssen, so weichen Sie ihn vorher für 20 Min. in Wasser ein. Er lässt sich dann ganz leicht schälen.
Fleisch wird besonders zart und gart schneller, wenn Sie einige Stücke Papaya hinzufügen.

Die getrockneten Chilischoten werden hier von Hand gemahlen.

Lammfleisch wird in allen Regionen Indiens sehr gerne gegessen. Vorsicht beim Lammcurry: Es ist ziemlich scharf gewürzt!

FÜR GEÜBTE
SCHARF
AUS NORDINDIEN

Scharfes Lamm-Curry

GOSHT MASALA

ZUBEREITUNG: 45 Min.
MARINIERZEIT: 10 Min.
PRO PORTION CA.: 350 kcal

FÜR 4 PERSONEN:

3–4 getrocknete Chilischoten
2 EL Korianderkörner
1/2 Bund Koriandergrün
250 g Joghurt
1 TL Knoblauchpulver
1 1/2 TL Garam Masala (S. 13)
1 TL Kreuzkümmel
1 TL Salz
700 g mageres Lammfleisch
4–5 EL Öl
2 rote Paprikaschoten

1. Die getrockneten Chilischoten und die Korianderkörner in einer Pfanne trocken rösten. Abkühlen lassen und im Mixer fein mahlen. Das Koriandergrün waschen und trockenschütteln, die Blätter fein hacken.

2. Den Joghurt in eine Schüssel geben und mit dem Knoblauchpulver, Garam Masala, Kreuzkümmel, gehacktem Koriandergrün, Salz und der gemahlenen Chili-Koriander-Mischung zu einer Marinade verrühren.

3. Das Fleisch in mundgerechte Stücke schneiden und mit der Marinade mischen. Etwa 10 Min. durchziehen lassen.

4. Das Öl in einer Pfanne erhitzen und das marinierte Fleisch darin bei mittlerer Hitze etwa 10 Min. braten.

5. Die Paprikaschoten putzen, waschen und in Streifen schneiden. Zum Fleisch geben und etwa 5 Min. weiterbraten. Den Topf vom Herd nehmen und noch 5 Min. zugedeckt ziehen lassen. Dazu passt Safranreis (Seite 48).

GARNIEREN: Mit etwas Garam Masala bestreuen.

GETRÄNK: Bier

VARIANTE: Statt Paprikaschoten können Sie auch Zucchini nehmen.

FÜR ANFÄNGER
KNUSPRIG
KLASSIKER

Würzige Lammkoteletts

GOSHT BHUNA HUA

ZUBEREITUNG: 1 Std.
MARINIERZEIT: 2 Std.
PRO PORTION CA.: 1255 kcal

FÜR 4 PERSONEN:

1,5 kg Lammkoteletts
2 große Zwiebeln
100 g frischer Ingwer
6 Knoblauchzehen
250 g Joghurt
1 TL grüner Kardamom (S. 11)
2 Zimtstangen
10 schwarze Pfefferkörner
6 Gewürznelken
6 EL Öl
1 TL Garam Masala (S. 13)

1. Das Fleisch waschen und mit Küchenpapier abtrocknen. Die Zwiebeln, den Ingwer und die Knoblauchzehen schälen und zusammen mit dem Joghurt, Kardamom, Zimtstangen, Pfefferkörnern und Gewürznelken in den Mixer geben und zu einer feinen Paste pürieren.

2. Die Lammkoteletts rundherum mit der Würzpaste einreiben, in eine Schüssel legen und zugedeckt 2 Std. durchziehen lassen.

3. Das Öl in einer großen Pfanne erhitzen und die Lammkoteletts darin bei starker Hitze 1 Min. pro Seite anbraten. Die Hitze reduzieren und zugedeckt 20 Min. garen.

4. Die Hitze noch einmal erhöhen und das Gericht offen weiterbraten, bis die Flüssigkeit verdampft ist. Vor dem Servieren mit Garam Masala bestreuen. Dazu passt jedes indische Brot.

GARNIEREN: mit Zwiebelringen

GETRÄNK: Bier

TIPP!
Kaufen Sie für dieses Rezept am besten Stielkoteletts (in türkischen und arabischen Läden) oder lassen Sie die Knochen von Ihrem Metzger freischaben. Sie sehen nicht nur hübscher aus, sondern garen auch gleichmäßiger.

Das Scharfe Huhn ist ein ideales Familiengericht, das sich auch im Alltag schnell und einfach zubereiten lässt. Das Königshuhn mit seinen vielen feinen Gewürzen ist ein traditionelles Festtagsessen.

Scharfes Huhn

JHAT-PAT MIRCHI MURG

FÜR ANFÄNGER
SCHNELL
KLASSIKER

ZUBEREITUNG: 25 Min.
PRO PORTION CA.: 415 kcal

FÜR 4 PERSONEN:

- 1 kleines Huhn (etwa 1 kg)
- 50 g frischer Ingwer
- 4 Knoblauchzehen
- 2 Tomaten
- 1 Stiel frische Minze
- 4–5 EL Öl
- 3 Lorbeerblätter
- 2 TL Kreuzkümmel
- 2 EL grob gemahlene Pfefferkörner
- 2 EL Zitronensaft

1. Das Huhn häuten und in 8 Stücke schneiden (siehe Seite 79). Den Ingwer und den Knoblauch schälen und fein hacken.

2. Die Tomaten waschen und in Stücke schneiden, den Stielansatz entfernen. Die Minze waschen und trockenschütteln, die Blätter fein hacken.

3. Das Öl in einem Topf erhitzen. Die Lorbeerblätter, den Kreuzkümmel und den Pfeffer darin etwa 1/2 Min. bei mittlerer Hitze anrösten. Die Hühnchenstücke und den Knoblauch dazugeben und 10 Min. rundherum anbraten.

4. Die Minze, die Tomatenstücke und den Ingwer untermischen und 10–15 Min. bei mittlerer Hitze offen kochen lassen, bis das Fleisch gar ist.

5. Vor dem Servieren mit dem Zitronensaft abschmecken.

GETRÄNK: Wasser

VARIANTE: Sie können auch festfleischigen Fisch wie Seehecht oder Seeteufel so zubereiten; die Garzeit reduziert sich dabei auf insgesamt etwa 15 Min.

Königshuhn

MURG SHAHJAHANI

FÜR GEÜBTE
WÜRZIG
FÜR GÄSTE

ZUBEREITUNG: 40 Min.
PRO PORTION CA.: 825 kcal

FÜR 4 PERSONEN:

- 1 Huhn (etwa 1,5 kg)
- 2 Zwiebeln
- 5–6 Knoblauchzehen
- 150 g Joghurt
- Salz
- 1 TL Chilipulver
- 1 TL Garam Masala (S. 13)
- 1 TL Kurkuma (S. 13)
- 5 EL Öl
- 10 Gewürznelken
- 3 Lorbeerblätter
- 2 schwarze Kardamomkapseln (S. 11)
- 1 TL Kreuzkümmel
- 150 g Tomatenpüree
- 150 g Cashewkerne

1. Das Huhn häuten und in 8–10 Stücke teilen (siehe Seite 79). Die Zwiebeln und den Knoblauch schälen und in kleine Würfel schneiden.

2. Die Hühnerstücke in eine Schüssel geben. Zwiebeln, Knoblauch, Joghurt, Salz, Chilipulver, Garam Masala und Kurkuma hinzufügen und alles gut vermischen.

3. Das Öl in einem Topf erhitzen und Nelken, Lorbeerblätter, Kardamom und Kreuzkümmel darin 1/2 Min. anrösten.

4. Die gewürzten Hühnerstücke in den Topf geben und 20–25 Min. bei mittlerer Hitze braten, bis sich das Öl an der Oberfläche absondert.

5. Das Tomatenpüree und die Cashewkerne dazugeben und 5 Min. bei schwacher Hitze schmoren lassen. Mit Naan (siehe Seite 55) servieren.

GETRÄNKE: trockener Rotwein oder Bier

TIPP!

Für dieses »königliche« Gericht sollten Sie ein frisches Freilandhuhn kaufen. Es schmeckt ungleich besser als seine Artgenossen von der Hühnerfarm.

FÜR ANFÄNGER
MILD
KALORIENARM

Ingwerhuhn

MURG ADRIKI

ZUBEREITUNG: 45 Min.
MARINIERZEIT: 10 Min.
PRO PORTION CA.: 310 kcal

FÜR 4 PERSONEN:

4 Hähnchenkeulen (je etwa 250 g)
100 g frischer Ingwer
6 Knoblauchzehen
2 EL Zitronensaft
Salz
4 EL Öl
2 schwarze Kardamomkapseln (S. 11)
1 EL grob geschroteter schwarzer Pfeffer
150 g Tomatenpüree
$^{1}/_{2}$ Bund Koriandergrün
3 cm frischer Ingwer

1. Die Hähnchenkeulen häuten und im Gelenk in 2 Teile schneiden. Jedes Stück mit zwei Messerschnitten versehen.

2. Den Ingwer und den Knoblauch schälen und grob zerkleinern. Beides in den Mixer geben und mit Zitronensaft fein pürieren. Diese pürierte Masse salzen und auf die Hähnchenkeulen streichen. 10 Min. durchziehen lassen.

3. Das Öl in einer Pfanne erhitzen, Kardamom und Pfeffer darin 1 Min. anrösten.

4. Das Tomatenpüree in die Pfanne geben und die Hähnchenkeulen hineinlegen. Bei schwacher Hitze etwa 20 Min. schmoren lassen, bis das Fleisch gar ist.

5. Das Koriandergrün waschen und trockenschütteln, die Blätter fein hacken. Den Ingwer schälen und in feine Streifen schneiden. Die Hähnchenkeulen auf Teller verteilen und mit dem Koriander und dem Ingwer garnieren.

GETRÄNK: Bier

VARIANTE: Schmeckt auch mit Lammfleisch sehr fein.

Seehecht in Tomatensauce

TAMATAR MACHI

1. Das Fischfilet waschen, mit Küchenpapier abtrocknen und in große Stücke schneiden. Den Knoblauch schälen und durchpressen. Den Fisch mit Zitronensaft, Salz und Knoblauch würzen.

2. Die Zwiebel und den Ingwer schälen und fein schneiden. Die Tomaten waschen und in Stücke schneiden, die Stielansätze dabei entfernen.

3. Das Öl in einer Pfanne erhitzen. Die gewürzten Fischstücke in dem Kichererbsenmehl wenden.

4. Die Fischstücke in die Pfanne legen und von jeder Seite 1 Min. bei mittlerer Hitze braten. Herausnehmen und beiseite stellen.

5. Die Zwiebel in dem Bratfett etwa 3 Min. goldbraun anbraten. Die Tomatenstücke hinzufügen und 1 Min. mitbraten. Kurkuma, Chilipulver und Tomatenpüree dazugeben und 3–4 Min. bei schwacher Hitze kochen lassen.

6. Die gebratenen Fischstücke in eine Servierschüssel legen und die Sauce darüber gießen. Mit Petersilie und Ingwer bestreuen. Dazu schmeckt Kreuzkümmelreis (Seite 46).

GETRÄNK: Weißwein, Bier

VARIANTE: Sie können Paneer-Stücke (Seite 19) ebenfalls auf diese Weise zubereiten.

FÜR GEÜBTE
SCHARF
AUS BENGAL

ZUBEREITUNG: 30 Min.
PRO PORTION CA.: 270 kcal

FÜR 4 PERSONEN:

500 g Fischfilets (z. B. Seehecht)
4 Knoblauchzehen
2 EL Zitronensaft
Salz
1 große Zwiebel
50 g frischer Ingwer
3 Tomaten
5 EL Öl
3 EL Kichererbsenmehl
1 TL Kurkuma (S. 13)
1/2 TL Chilipulver
150 g Tomatenpüree
1 EL gehackte Petersilie

Die sahnig-würzige Sauce macht dieses Lamm-Curry zu einem der bekanntesten und beliebtesten Klassiker der indischen Küche.

FÜR GEÜBTE
PIKANT
KLASSIKER

ZUBEREITUNG: 1 Std. 30 Min.
MARINIERZEIT: 2 Std.
PRO PORTION CA.: 495 kcal

FÜR 4 PERSONEN:

1 kg mageres Lammfleisch
2 EL Zitronensaft
Salz
2 Zwiebeln
4 Knoblauchzehen
70 g frischer Ingwer
6 EL Öl
2 TL Kreuzkümmel
2 TL edelsüßes Paprikapulver
1 TL schwarzer Pfeffer
100 g Tomatenpüree
350 g Joghurt

Lamm-Curry

ROGAN JOSH

1. Das Fleisch waschen und mit Küchenpapier abtrocknen. In 2–3 cm große Würfel schneiden und mit dem Zitronensaft und Salz einreiben. 2 Std. zugedeckt im Kühlschrank durchziehen lassen.

2. Zwiebeln, Knoblauchzehen und Ingwer schälen und fein schneiden. Das Öl in einer Pfanne erhitzen und die Zwiebeln und den Knoblauch darin 3 Min. bei mittlerer Hitze anbraten.

3. Die Fleischstücke und den Kreuzkümmel dazugeben und 10–15 Min. bei mittlerer Hitze rundherum braun anbraten.

4. Den Ingwer, das Paprikapulver, den Pfeffer und das Tomatenpüree unterrühren und weitere 10 Min. bei mittlerer Hitze schmoren lassen.

5. Den Joghurt auf dem Curry verteilen, ein paar Mal gut durchrühren und zugedeckt weitere 5 Min. bei schwacher Hitze kochen lassen.

GARNIEREN: Mit Garam Masala und frischen Korianderblättern bestreuen.

GETRÄNK: trockener Rotwein

VARIANTE: Das Curry schmeckt auch mit Schweinefleisch sehr gut.

Reife Tomaten runden mit ihrer fruchtigen Süße das Aroma vieler Currys ab.

Die Region Bengal ist für ihren großen Fischreichtum berühmt, deshalb stammen auch viele herrliche Fischrezepte von dort und bereichern die Vielfalt der indischen Küche.

FÜR GEÜBTE
PIKANT
KLASSIKER

ZUBEREITUNG: 30 Min.
PRO PORTION CA.: 240 kcal

FÜR 4 PERSONEN:

500 g Fischfilet (z. B. Seehecht)
2 Knoblauchzehen
1 EL Zitronensaft
Salz
1 Zwiebel
4 EL Öl
2 EL Kichererbsenmehl
1/2 TL Kurkuma (S. 13)
1/2 TL Chilipulver
50 g Tomatenpüree
50 g Joghurt
3 cm frischer Ingwer
2 Stiele Koriandergrün

Bengalisches Fisch-Curry

MACHI TARI WALI

1. Den Fisch waschen, mit Küchenpapier abtrocknen und in Stücke schneiden. Den Knoblauch schälen und durchpressen. Die Fischstücke mit dem Knoblauch, Zitronensaft und Salz würzen. Die Zwiebel schälen und fein hacken.

2. Das Öl in einer Pfanne erhitzen. Die Fischstücke im Kichererbsenmehl wenden und im Öl bei mittlerer Hitze 1 Min. pro Seite braten. Herausnehmen, die Pfanne nicht auswaschen.

3. Die Zwiebel in dem Bratfett 2–3 Min. anbraten. Kurkuma und Chilipulver hinzufügen, das Tomatenpüree und den Joghurt unterrühren. Mit 1/2 l Wasser aufgießen, salzen und 10 Min. bei starker Hitze kochen lassen.

4. Inzwischen den Ingwer schälen und fein hacken. Das Koriandergrün waschen und trockenschütteln, die Blättchen abzupfen und fein hacken.

5. Die Fischstücke in eine Servierschüssel legen, die Currysauce darüber gießen und mit Ingwer und Koriander bestreut servieren. Dazu schmeckt Kreuzkümmelreis (Seite 46).

GETRÄNK: fruchtiger Weißwein

VARIANTE: Für dieses Curry eignet sich jeder festfleischige Fisch.

FÜR GEÜBTE
SCHARF
AUS MADRAS

ZUBEREITUNG: 30 Min.
MARINIERZEIT: 15 Min.
PRO PORTION CA.: 210 kcal

FÜR 4 PERSONEN:

500 g Fischfilets (z. B. Scholle)
1 EL Ingwerpaste (aus dem Glas)
1/2 EL Knoblauchpaste (aus dem Glas)
1/2 TL Kreuzkümmel
1 1/2 TL grob gemahlener Pfeffer
1/2 TL Kurkuma (S. 13)
3 EL Joghurt
1/2 TL Chilipulver
1 TL gemahlene Senfkörner
4 EL Öl
Salz
2 EL Zitronensaft

Pfefferfisch

MACHI KALI MIRCH

1. Den Fisch waschen, mit Küchenpapier abtrocknen und in große Stücke schneiden. Ingwer- und Knoblauchpaste mit Kreuzkümmel, Pfeffer, Kurkuma, Joghurt, Chilipulver und gemahlenen Senfkörnern mit einem Schneebesen verrühren.

2. Die Fischstücke vorsichtig in diese Marinade einlegen und 15 Min. zugedeckt durchziehen lassen.

3. Das Öl in einer Pfanne erhitzen. Die Fischstücke vorsichtig aus der Marinade heben und im heißen Öl etwa 1 Min. pro Seite bei mittlerer Hitze braten, bis der Fisch gar ist.

4. Vor dem Servieren salzen und mit dem Zitronensaft beträufeln. Dazu passt sehr gut Safranreis (Seite 48).

GARNIEREN: Mit Chat Masala bestreuen und mit Zitronenscheiben anrichten.

GETRÄNK: Wasser

VARIANTE: Sie können auch Hähnchenbrustfilet so zubereiten: Für Pfefferhähnchen 3–4 Hähnchenbrustfilets (ohne Haut) jeweils in 3 Stücke schneiden, in der Marinade einlegen und 1 Std. durchziehen lassen. Im Öl von jeder Seite etwa 5 Min. braten, mit Salz und Zitronensaft würzen und mit Chat Masala bestreuen.

Riesengarnelen sind nicht ganz billig, schmecken aber köstlich und, nach den Rezepten auf dieser und der nächsten Seite zubereitet, immer wieder überraschend anders.

Gebratene Garnelen

JEENGE BHUNE HUE

FÜR ANFÄNGER
SCHARF
KLASSIKER

ZUBEREITUNG: 30 Min.
MARINIERZEIT: 15 Min.
PRO PORTION CA.: 105 kcal

FÜR 4 PERSONEN:

16 Riesengarnelen
$^1/_2$ TL Chilipulver
$^1/_2$ TL Garam Masala (S. 13)
1 TL gemahlener Koriander
$^1/_2$ TL Kreuzkümmel
1 TL gemahlene Senfkörner
Salz
2 EL Öl
2 TL Chat Masala (S. 13)
1 EL Zitronensaft
4 lange Holzspieße

1. Die Garnelen wie unten gezeigt schälen, den Darm entfernen, waschen und mit Küchenpapier abtrocknen.

2. Das Chilipulver in einer Schüssel mit Garam Masala, Koriander, Kreuzkümmel, gemahlenen Senfkörnern und 1 Prise Salz vermischen. Die Riesengarnelen in der Würzmischung wenden und 15 Min. bei Zimmertemperatur durchziehen lassen.

3. Das Öl in einer Pfanne erhitzen. Die Garnelen einzeln einlegen und darin bei mittlerer Hitze von jeder Seite in etwa 1 Min. leicht braun braten. Bitte nicht wesentlich länger braten, weil die Garnelen sonst leicht zäh werden!

4. Jeweils 4 gebratene Riesengarnelen auf einen Spieß stecken. Mit Chat Masala bestreuen und mit dem Zitronensaft beträufeln. Heiß servieren.

GARNIEREN: mit Zitronenscheiben

GETRÄNK: Sharbat (Seite 153)

VARIANTE: Schmeckt auch mit Fisch (z. B. Seeteufel) sehr fein.

TIPP!

Servieren Sie dazu den Königssalat von Seite 132. Wichtig: Bereiten Sie zuerst den Salat vor, denn die Garnelen sind im Nu fertig!

1. Eine Riesengarnele in beide Hände nehmen und mit einer gegenläufigen Drehbewegung den Panzer aufbrechen und ablösen.

2. An der Außenseite mit einem scharfen Messer einen feinen Längsschnitt ansetzen und den schwarzen Darm herausziehen.

3. Die Riesengarnelen waschen, mit Küchenpapier abtrocknen und wie im Rezept beschrieben weiterverarbeiten.

Das Meer, das Indien im Osten, Süden und Westen umgibt, liefert eine Fülle hochwertiger Fische und Meeresfrüchte.

FÜR ANFÄNGER
PIKANT
KLASSIKER

ZUBEREITUNG: 30 Min.
PRO PORTION CA.: 215 kcal

FÜR 4 PERSONEN:

- 500 g Shrimps (roh, geschält)
- 2 Tomaten
- 1 Bund Koriandergrün
- 2 EL Öl
- 3 getrocknete Chilischoten
- 2 EL Kokosraspel
- 1/4 TL Kurkuma (S. 13)
- Salz
- 1 TL Garam Masala (S. 13)
- 2 EL Zitronensaft

Gewürzte Shrimps

JEENGE MASALE WALE

1. Die Shrimps waschen und mit Küchenpapier abtrocknen. Die Tomaten waschen und in feine Stücke schneiden, die Stielansätze dabei entfernen. Das Koriandergrün waschen und trockenschütteln, die Blätter fein hacken.

2. Das Öl in einer Pfanne erhitzen. Die Chilischoten hineinbröseln und 1 Min. bei mittlerer Hitze anrösten. Kokosraspel und Kurkuma hinzufügen und 2 Min. mit anbraten, bis es duftet.

3. Die Shrimps, die Tomatenstückchen und 1 Prise Salz dazugeben und weitere 3–5 Min. braten.

4. Vor dem Servieren das Koriandergrün und Garam Masala darüber streuen und den Zitronensaft darüber träufeln.

GARNIEREN: mit in feine Streifen geschnittenen grünen Chilischoten

GETRÄNK: Wasser

FÜR ANFÄNGER
PIKANT
AUS GOA

ZUBEREITUNG: 30 Min.
MARINIERZEIT: 15 Min.
PRO PORTION CA.: 110 kcal

FÜR 4 PERSONEN:

- 12 Riesengarnelen (ohne Kopf und Panzer oder wie Seite 75 gezeigt vorbereiten)
- 1 Bund frische Minze
- 1 Bund Koriandergrün
- 2 grüne Chilischoten
- 1 EL Kokosraspel
- 2 TL Korianderkörner
- Salz
- 2 EL Öl
- 1 EL Zitronensaft

Grüne Garnelen

HARE JEENGE

1. Die Riesengarnelen waschen, mit Küchenpapier abtrocknen und in eine Schüssel geben.

2. Die Minze und das Koriandergrün waschen und trockenschütteln, die Blätter abzupfen. Die Chilischoten waschen, die Stielansätze entfernen. Die Kräuter mit Chilischoten, Kokosraspel, Korianderkörnern und 1 Prise Salz in den Mixer geben und fein pürieren.

3. Diese Kräuterpaste in die Schüssel geben, mit den Garnelen vermischen und 15 Min. zugedeckt durchziehen lassen.

4. Das Öl in einer Pfanne erhitzen und die Garnelen darin bei mittlerer Hitze 2–3 Min. braten. Vor dem Servieren mit dem Zitronensaft beträufeln.

GARNIEREN: Mit Chat Masala bestreuen.

GETRÄNK: Bier

VARIANTE: Sie können auch festfleischigen Fisch (z. B. Seehecht) in Streifen schneiden und auf diese Weise zubereiten.

TIPP!

Wenn Sie TK-Garnelen verwenden, legen Sie sie nebeneinander auf einen Teller und lassen sie über Nacht zugedeckt im Kühlschrank auftauen.

Ein Highlight jedes Festmenüs ist dieses Huhn mit Joghurt. Ihre Gäste werden sich in dieses Gericht verlieben!

Huhn mit Joghurt

DAHI WALA MURG

FÜR GEÜBTE
PIKANT
AUS DELHI

ZUBEREITUNG: 40 Min.
MARINIERZEIT: 1 Std.
PRO PORTION CA.: 440 kcal

FÜR 4 PERSONEN:

1 kleines Huhn (etwa 1 kg)
2 grüne Chilischoten
4 Knoblauchzehen
3 cm frischer Ingwer
1/2 TL Salz
250 g Joghurt
4 EL Öl
2 TL edelsüßes Paprikapulver
2 Stiele Koriandergrün

1. Das Huhn enthäuten und wie unten gezeigt in 8 Stücke teilen. Jedes mit einem Messerschnitt versehen, damit die Gewürze besser eindringen können. Die Hühnerteile in eine Schüssel legen.

2. Die Chilischoten waschen, den Stielansatz entfernen und klein schneiden. Den Knoblauch schälen und durchpressen, den Ingwer schälen und fein hacken. Chilis, Knoblauch, Ingwer und Salz unter den Joghurt mischen.

3. Die Joghurtmarinade über die Hühnerstücke geben und gut durchmischen, sodass alle damit umhüllt sind. 1 Std. abgedeckt im Kühlschrank durchziehen lassen.

4. Das Öl in einer Pfanne erhitzen und das Paprikapulver hinzufügen. Die marinierten Hühnerstücke hineingeben und etwa 15–20 Min. bei mittlerer Hitze braten, bis das Fleisch gar ist.

5. Das Koriandergrün waschen und trockenschütteln, die Blätter abzupfen und hacken. Zum Schluss über das Huhn streuen. Mit einem Chutney als Vorspeise oder mit Brot als Hauptspeise servieren.

GARNIEREN: mit Garam Masala

GETRÄNK: Wasser

VARIANTE: Die Joghurtmarinade passt auch gut zu Fischfilet; die Garzeit verringert sich dann auf etwa 10 Minuten.

TIPP!

Anfänger, die sich das Huhnzerteilen nicht zutrauen, können natürlich auf Hühnerkeulen zurückgreifen.

1. Das Huhn wie auf Seite 18 gezeigt enthäuten. Mit einer Geflügelschere (oder einem scharfen Messer) entlang des Brustbeins und des Rückgrats in zwei Hälften teilen.

2. Jede Hälfte anschließend in zwei Stücke schneiden: Dazu mit einem Messer die Keulen herausschneiden und im Gelenk vom Hähnchenkörper trennen.

3. Für 8 Stücke die Keulen jeweils im Gelenk in zwei Teile schneiden und die Flügel aus der Brust herausschneiden. Für 10 Stücke die Brust noch quer halbieren.

Lamm und Huhn, nach diesen klassischen Rezepten zubereitet, sind in der gehobenen indischen Gastronomie die erste Wahl.

FÜR GEÜBTE
SEHR SCHARF
KLASSIKER

ZUBEREITUNG: 45 Min.
PRO PORTION CA.: 460 kcal

FÜR 4 PERSONEN:

1 kg Hähnchenbrustfilets
100 g frischer Ingwer
1 EL gemahlener Kreuzkümmel
1 EL gemahlener Koriander
1/2 TL gemahlene Nelken
1/4 TL gemahlener Zimt
Salz
1/2 TL schwarzer Pfeffer
6 EL Öl
4 schwarze Kardamomkapseln (S. 11)
2 Lorbeerblätter
200 g Joghurt

Huhn nach Kashmir-Art

KASHMIRI MURG

1. Die Hähnchenbrustfilets waschen, mit Küchenpapier abtrocknen und in mittelgroße Stücke schneiden. Den Ingwer schälen und fein reiben.

2. Die Fleischstücke in eine Schüssel geben und mit Kreuzkümmel, Koriander, Nelken, Zimt, Salz, Pfeffer und 3 EL Öl gut vermischen.

3. Das restliche Öl in einem Topf erhitzen. Kardamomkapseln und Lorbeerblätter darin 1 Min. anrösten. Die Fleischstücke hinzufügen und 10 Min. von allen Seiten goldbraun anbraten.

4. Den Joghurt und 2–3 EL Wasser unterrühren und bei schwacher Hitze zugedeckt weitere 10 Min. kochen lassen.

5. Den Topf vom Herd nehmen, den geriebenen Ingwer darüber verteilen und zugedeckt noch 5 Min. ziehen lassen.

GARNIEREN: Mit gehacktem Koriandergrün bestreuen.

GETRÄNK: Lassi (Seite 153)

VARIANTE: Schmeckt auch mit Lammfleisch sehr fein; die Garzeit erhöht sich auf insgesamt etwa 30 Min.

FÜR GEÜBTE
WÜRZIG
FÜR FEINSCHMECKER

ZUBEREITUNG: 1 Std. 30 Min.
BEI 6 PORTIONEN PRO PORTION CA.: 265 kcal

FÜR 4–6 PERSONEN:

750 g mageres Lammfleisch
4 Tomaten
2 Zwiebeln
2 grüne Chilischoten
3–4 Knoblauchzehen
5–6 EL Öl
1 1/2 TL Kreuzkümmel
2 TL gemahlener Koriander
1 1/2 TL Kurkuma (S. 13)
3/4 TL Salz
250 g mehlig kochende Kartoffeln

Lamm nach Delhi-Art

DELHI GOSHT

1. Das Fleisch waschen, mit Küchenpapier abtrocknen und in mundgerechte Stücke schneiden. Die Tomaten waschen und ebenfalls würfeln, die Stielansätze dabei entfernen.

2. Die Zwiebeln schälen und fein hacken. Die Chilischoten waschen und klein schneiden, den Stielansatz dabei entfernen. Den Knoblauch schälen und fein hacken.

3. Das Öl in einem Topf stark erhitzen. Zwiebeln, Chilis und Knoblauch darin bei mittlerer Hitze etwa 3 Min. braten, bis die Zwiebeln braun sind. Das Fleisch hinzufügen und weitere 5 Min. braten.

4. Kreuzkümmel, Koriander, Kurkuma und Salz zusammen mit den geschnittenen Tomaten unter das Fleisch mischen und bei mittlerer Hitze 10–15 Min. kochen, bis sich das Öl von der Sauce absondert.

5. Die Kartoffeln schälen, waschen und in Würfel schneiden. Mit gut 750 ml Wasser dazugeben. Alles bei leicht geöffnetem Deckel und schwacher Hitze etwa 50 Min. kochen lassen, bis das Fleisch weich ist und die Sauce andickt. Mit Kreuzkümmelreis (Seite 46) servieren.

GARNIEREN: Mit gehacktem Koriandergrün bestreuen.

GETRÄNK: Bier

VARIANTE: Statt Lamm- können Sie auch Schweinefleisch verwenden.

FÜR ANFÄNGER
FÜR FEINSCHMECKER
AUS GOA

ZUBEREITUNG: 35 Min.
PRO PORTION CA.: 200 kcal

FÜR 4 PERSONEN:

500 g mittelgroße Garnelen (küchenfertig geschält)
4 Knoblauchzehen
50 g frischer Ingwer
2 rote Chilischoten
1 EL Korianderkörner
2 EL Kokosraspel
1/2 TL Kurkuma (S. 13)
1/2 TL Salz
1 Zwiebel
2 EL Öl
50 g Tomatenpüree
2 Stiele Koriandergrün
1 EL Zitronensaft

Kokosgarnelen

JEENG NARIAL WALE

1. Die Garnelen waschen und mit Küchenpapier abtrocknen.

2. Den Knoblauch und den Ingwer schälen und grob zerkleinern. Die Chilischoten waschen und die Stielansätze entfernen. Knoblauch, Ingwer und Chilis mit den Korianderkörnern und den Kokosraspeln in den Mixer geben und fein pürieren. Kurkuma und Salz untermischen und die Masse unter die Garnelen mengen. 15 Min. zugedeckt durchziehen lassen.

3. Die Zwiebel schälen und fein hacken. Das Öl in einer Pfanne erhitzen. Die Zwiebel darin in etwa 2 Min. bei mittlerer Hitze goldbraun anbraten. Das Tomatenpüree dazugeben und unterrühren. Die Garnelen hinzufügen und bei mittlerer Hitze 3–4 Min. kochen lassen.

4. Das Koriandergrün waschen und trockenschütteln, die Blätter abzupfen. Die fertigen Kokosgarnelen mit dem Zitronensaft beträufeln und mit den Korianderblättern garnieren.

GETRÄNK: trockener Weißwein

VARIANTE: Sie können auch Fischfilet (in Streifen schneiden) in dieser Kokossauce zubereiten.

Hähnchen in Kokossauce

MURG DAHI NARIAL WALA

FÜR GEÜBTE
FÜR FEINSCHMECKER
AUS SÜDINDIEN

ZUBEREITUNG: 40 Min.
PRO PORTION CA.: 280 kcal

FÜR 4 PERSONEN:

500 g Hähnchenbrustfilets
50 g frischer Ingwer
4 Knoblauchzehen
200 g Joghurt
1 TL Kurkuma (S. 13)
1/2 TL Chilipulver
1 TL edelsüßes Paprikapulver
1/2 TL Salz
3–4 EL Öl
3 Lorbeerblätter
8 Gewürznelken
2 Zimtstangen
2 EL Kokosraspel

1. Die Hähnchenbrustfilets waschen und mit Küchenpapier abtrocknen. Die Filets jeweils in 3 Stücke schneiden und in eine Schüssel geben.

2. Den Ingwer und den Knoblauch schälen und fein hacken. Den Joghurt, Ingwer und Knoblauch zum Fleisch geben und gut damit vermengen. Kurkuma, Chili- und Paprikapulver und Salz untermischen.

3. Das Öl in einem Topf erhitzen. Lorbeerblätter, Gewürznelken und Zimtstangen darin 1 Min. anbraten.

4. Die marinierten Fleischstücke in den Topf geben und bei mittlerer Hitze 5 Min. von allen Seite anbraten. Die Hitze reduzieren und halb zugedeckt etwa 5 Min. bei schwacher Hitze schmoren lassen, bis das Fleisch gar ist.

5. Die Kokosraspel unterrühren. Den Topf vom Herd nehmen und zugedeckt noch etwa 5 Min. ziehen lassen. Als Beilage passt Reis oder Chapati (Seite 40).

GETRÄNK: Wasser

VARIANTE: Auch Fischfilet schmeckt mit dieser Sauce sehr fein.

Das Huhn mit Tomaten ist ein Klassiker, der auf keiner Party und bei keinem indischen Festessen fehlen darf.

Huhn mit Tomaten

TAMATAR MURG

FÜR ANFÄNGER
PIKANT
AUS JAIPUR

ZUBEREITUNG: 40 Min.
PRO PORTION CA.: 300 kcal

FÜR 4 PERSONEN:

4 kleine Hähnchenkeulen (je etwa 250 g)
50 g frischer Ingwer
8 Tomaten
2 große Zwiebeln
6 Knoblauchzehen
4 EL Öl
1 1/2 TL Kreuzkümmel
6 schwarze Kardamomkapseln (S. 11)
4 Lorbeerblätter
1 TL Chilipulver
1 TL Salz
1 TL Garam Masala (S. 13)

1. Die Hähnchenkeulen häuten (siehe Seite 18) und im Gelenk in 2 Teile schneiden. Den Ingwer schälen und in feine Streifen schneiden. Die Tomaten waschen und in Würfel schneiden, die Stielansätze dabei entfernen.

2. Die Zwiebeln und den Knoblauch schälen und fein schneiden. Das Öl in einem großen Topf erhitzen. Kreuzkümmel, Kardamom und Lorbeerblätter dazugeben und einmal umrühren. Die Zwiebeln und den Knoblauch dazugeben und etwa 2 Min. braten, bis die Zwiebeln braun sind.

3. Die Tomaten und die Hähnchenkeulen zusammen mit dem Chilipulver und dem Salz hinzufügen, umrühren und alles bei mittlerer Hitze 15–20 Min. braten, bis das Fleisch gar ist.

4. Den Ingwer und das Garam Masala darauf streuen. Den Topf vom Herd nehmen und zugedeckt noch 5 Min. ziehen lassen. Als Beilage zu den Hähnchenkeulen schmeckt Kreuzkümmelreis (Seite 46).

GARNIEREN: Mit gehacktem Koriandergrün bestreuen.

GETRÄNK: Bier

VARIANTE: Schmeckt auch mit Lammfleisch (in Würfel schneiden) sehr fein.

Fisch nach Bengal-Art

BENGALI MACHI

FÜR ANFÄNGER
SCHARF
KLASSIKER

ZUBEREITUNG: 45 Min.
MARINIERZEIT: 20 Min.
PRO PORTION CA.: 255 kcal

FÜR 4 PERSONEN:

700 g Fischfilet (z. B. Seehecht)
2 Zwiebeln
4 grüne Chilischoten
1 Bund Koriandergrün
1 EL Senfkörner
1/2 TL Salz
1 1/2 TL Kurkuma (S. 13)
200 g Joghurt
2 EL Öl

1. Den Fisch waschen, mit Küchenpapier abtrocknen und in 8 gleich große Stücke teilen. Die Zwiebeln schälen und fein schneiden. Die Chilischoten waschen, längs halbieren und in feine Streifen schneiden (die Kerne mitverwenden). Das Koriandergrün waschen und trockenschütteln, die Blätter fein hacken.

2. Die Senfkörner mit den Chilis, Salz und Kurkuma in den Mixer geben und zu einer feinen Paste verarbeiten. 4 EL Joghurt untermischen und die Fischstücke damit bestreichen. 20 Min. zugedeckt durchziehen lassen.

3. Das Öl in einer Pfanne erhitzen. Die Zwiebeln darin in etwa 3 Min. goldbraun anbraten. Den marinierten Fisch in die Pfanne geben und vorsichtig beidseitig etwa 5 Min. braten.

4. Den restlichen Joghurt und das gehackte Koriandergrün auf dem Fisch verteilen und warm servieren.

GETRÄNK: trockener Weißwein

VARIANTE: Sie können auch Riesengarnelen auf diese Weise zubereiten, die Garzeit verkürzt sich auf 3–4 Minuten.

Die Kombination aus Hähnchen und Shrimps klingt ungewöhnlich, nicht wahr? Probieren Sie es aus, denn es schmeckt wunderbar und könnte Ihr neues Lieblingsrezept für Feste werden!

FÜR GEÜBTE
PIKANT
FÜR FESTE

ZUBEREITUNG: 45 Min.
MARINIERZEIT: 15 Min.
PRO PORTION CA.: 560 kcal

FÜR 4 PERSONEN:

1 Huhn (etwa 1,2 kg)
200 g Shrimps
5 Knoblauchzehen
50 g frischer Ingwer
1 TL Chilipulver
1 TL Kurkuma (S. 13)
$^1/_2$ TL Salz
3 EL Zitronensaft
1 Stück Kürbis (etwa 300 g, ergibt 200 g Kürbiswürfel)
200 g Joghurt
4 EL Öl
4 schwarze Kardamomkapseln (S. 11)
2 Zimtstangen
6 Gewürznelken

Huhn und Shrimps

MURG JEENGA JUGALBANDI

1. Das Huhn enthäuten und in 8 Stücke schneiden (siehe Seite 79). Die Shrimps kurz abbrausen und mit Küchenpapier abtrocknen.

2. Den Knoblauch und den Ingwer schälen und zusammen mit Chilipulver, Kurkuma, Salz und Zitronensaft in den Mixer geben und zu einer feinen Paste verarbeiten.

3. Die Hühnerteile mit der Paste mischen und abgedeckt 15 Min. durchziehen lassen.

4. Inzwischen den Kürbis schälen, von den Kernen befreien, in Stücke schneiden und mit 100 ml Wasser in einen Topf geben. In etwa 10 Min. weich kochen, dann in ein Sieb abgießen.

5. Den abgetropften Kürbis mit dem Joghurt in den Mixer geben und fein pürieren.

6. Das Öl in einem Topf erhitzen. Kardamom, Zimt und Gewürznelken darin $^1/_2$ Min. anrösten. Die marinierten Hühnerteile hinzufügen und zugedeckt bei schwacher Hitze 20 Min. schmoren lassen. Gelegentlich umrühren.

7. Das Kürbispüree und die Shrimps dazugeben und unterrühren und das Ganze zugedeckt weitere 5 Min. kochen lassen. Zu diesem Huhn mit Shrimps passt der Nussige Reis (Seite 52) sehr gut.

GETRÄNKE: Weißwein, Bier

VARIANTE: Wer keine Meeresfrüchte mag, kann die Shrimps auch weglassen.

TIPP!

Kaufen Sie entweder auf dem Markt ein passendes Stück Kürbis (z. B. Muskatkürbis) oder bereiten gleich – z. B. aus einem Hokkaido-Kürbis – eine größere Menge gekochte Kürbiswürfel zu und frieren den Rest fürs nächste Mal ein.

Auf solchen Feldern wird aus Meerwasser Salz gewonnen, anschließend gereinigt und für den Verkauf gemahlen.

Gemüse und Linsen

Die vegetarische Grundnahrung der Inder

Gefüllter Blumenkohl ist eines der Rezepte aus meiner Schulzeit. Immer wenn ich es zubereite, bekomme ich dafür Komplimente ...

FÜR GEÜBTE
SCHARF
FÜR GÄSTE

ZUBEREITUNG: 45 Min.
BEI 6 PORTIONEN PRO PORTION CA.: 200 kcal

FÜR 4–6 PERSONEN:

2 kleine Köpfe Blumenkohl (je etwa 500 g)
Öl zum Frittieren

Für die Füllung:

4 EL Kichererbsenmehl
1 TL Ajwain (S. 13)
1/2 TL Salz
1/2 TL Chilipulver

Für die Sauce:

1 kleine Zwiebel
4 EL Öl
1/2 TL Kurkuma (S. 13)
1 TL gemahlener Koriander
1/2 TL Chilipulver
Salz
100 g Tomatenpüree

Außerdem:

200 g Joghurt
1/2 TL Garam Masala (S. 13)

Gefüllter Blumenkohl

BHARVI GOBI

1. Die Blätter von den Blumenkohlköpfen entfernen. In einem Topf, der einen Blumenkohl fasst, etwa 10 cm hoch Öl stark erhitzen. Die Blumenkohlköpfe einzeln darin in etwa 5 Min. hellbraun frittieren (siehe Tipp). Herausnehmen und auf Küchenpapier abtropfen lassen.

2. In einer Pfanne das Kichererbsenmehl 5–7 Min. ohne Fett rösten. Ajwain, Salz und Chilipulver untermischen. Den Strunk aus den frittierten Blumenkohlköpfen herausschneiden und die Würzmischung in die Hohlräume zwischen den Röschen drücken.

3. Für die Sauce die Zwiebel schälen und fein hacken. Das Öl in einem großen Topf erhitzen und die Zwiebel darin etwa 3 Min. goldbraun anbraten. Kurkuma, Koriander, Chilipulver und etwas Salz hinzufügen und 1 Min. weiterbraten.

4. Das Tomatenpüree dazugeben und 2–3 Min. kochen lassen. 1 l Wasser angießen und die gefüllten Blumenkohlköpfe hineinlegen. 10–15 Min. zugedeckt bei mittlerer Hitze kochen lassen.

5. Den Topf vom Herd nehmen und noch etwa 5 Min. zugedeckt ziehen lassen. Vor dem Servieren den Joghurt darüber verteilen und Garam Masala darüber streuen. Dazu passt Kreuzkümmelreis (Seite 46).

GETRÄNK: Bier

TIPP!

Zum Frittieren spießen Sie die Blumenkohlköpfe jeweils mit einer Gabel am Strunk fest auf und halten den Blumenkohl damit ins siedende Öl.

Gewürze entfalten ihr Aroma am besten, wenn sie wie hier frisch gemahlen werden.

Der indische Käse Paneer, den Sie, wie Sie auf den Seiten 18 und 19 sehen, ganz leicht selbst zubereiten können, ist besonders bei Vegetariern als Eiweiß- und Vitaminlieferant geschätzt.

FÜR GEÜBTE
MILD
AUS NORDINDIEN

ZUBEREITUNG: 30 Min.
PRO PORTION CA.: 205 kcal

FÜR 4 PERSONEN:

500 g Paneer (S. 18/19)
Salz | Pfeffer
2 EL Öl
2 Lorbeerblätter
100 g Tomatenpüree
200 g Sahne
1/2 TL Chilipulver
1/2 TL Garam Masala (S. 13)

Paneer in Cremesauce

SHAHI PANEER

1. Das Paneer in 2–3 cm große Stücke schneiden und mit Salz und Pfeffer würzen.

2. Das Öl in einer Pfanne erhitzen und die Lorbeerblätter darin 1/2 Min. anrösten. Das Tomatenpüree und die Sahne hinzufügen und 2 Min. bei mittlerer Hitze kochen lassen.

3. Das Chilipulver, Garam Masala und 1 Prise Salz hinzufügen. Die Paneer-Stücke in die Cremesauce legen und den Topf vom Herd nehmen. Zugedeckt etwa 5 Min. ziehen lassen. Dazu passt sehr gut das Gefüllte Hefebrot (Seite 55).

GARNIEREN: Garam Masala und frische Korianderblätter darüber streuen.

GETRÄNK: Pfefferminzwasser (Seite 153)

VARIANTE: Sie können auch Fisch (z. B. Schollenfilets) in dieser tomatigen Cremesauce zubereiten.

FÜR GEÜBTE
PIKANT
AUS PUNJAB

ZUBEREITUNG: 30 Min.
PRO PORTION CA.: 210 kcal

FÜR 4 PERSONEN:

400 g Paneer (S. 18/19)
1 Zwiebel
50 g frischer Ingwer
1 rote Paprikaschote
2 Tomaten
3 EL Öl
1 TL Kurkuma (S. 13)
1/2 TL Chilipulver
3/4 TL Salz
2 Stiele Koriandergrün

Gewürzter Käse

MASALA PANEER

1. Das Paneer in etwa 2 cm große Stücke schneiden. Die Zwiebel und den Ingwer schälen und fein hacken. Die Paprikaschote putzen, waschen und in Streifen schneiden. Die Tomaten waschen und in kleine Stücke schneiden, dabei die Stielansätze entfernen.

2. Das Öl in einer Pfanne erhitzen und die Zwiebel darin etwa 3 Min. anbraten. Kurkuma, Chilipulver und Salz dazugeben und 1 Min. mitbraten.

3. Ingwer, Paprikastreifen und Tomaten hinzufügen, unterrühren und 5 Min. bei mittlerer Hitze schmoren lassen.

4. Das Koriandergrün waschen und trockenschütteln, die Blätter fein hacken. Die Paneer-Stücke in die Pfanne geben und untermengen, den Koriander darüber streuen. Den Topf vom Herd nehmen und zugedeckt etwa 5 Min. ziehen lassen. Dazu schmeckt Vollkornbrot (Chapati, Seite 40).

GETRÄNK: Lassi (Seite 153)

Kartoffeln sind in Indien ein Grundnahrungsmittel, es gibt daher sicher mehr als 100 Zubereitungsarten dafür. Dieses Rezept für mit einer scharfen Paneer-Nuss-Mischung gefüllte Kartoffeln in einer frisch-würzigen Kräutersauce ist eine Kreation von mir.

FÜR ANFÄNGER
WÜRZIG
AUS GUJARAT

ZUBEREITUNG: 40 Min.
PRO PORTION CA.: 435 kcal

FÜR 4 PERSONEN:

8 mittelgroße mehlig kochende Kartoffeln (etwa 700 g)
Öl zum Frittieren

Für die Füllung:

125 g Paneer (S. 18/19)
2 grüne Chilischoten
2 cm frischer Ingwer
50 g Cashewkerne
1 TL Salz

Für die Sauce:

je 1 Bund Pfefferminze und Koriandergrün
1 harte, unreife Mango
1 Zwiebel
3 EL Öl
1 TL Kreuzkümmel
100 g Tomatenpüree
200 g Joghurt

Außerdem:

Holzzahnstocher
1 TL Garam Masala (S. 13)

Gefüllte Kartoffeln mit Pfefferminze

DUM ALOO CHUTNEY WALE

1. Die Kartoffeln waschen und schälen. Öl in einem Kadhai oder Wok erhitzen. Die Kartoffeln darin etwa 3 Min. goldbraun frittieren. Mit einem Schaumlöffel herausnehmen und etwas abkühlen lassen.

2. Für die Füllung das Paneer reiben. Die Chilischoten waschen und fein hacken, den Stielansatz dabei entfernen. Den Ingwer schälen und ebenfalls fein hacken. Die Cashewkerne im Mixer fein mahlen. Alles vermengen und mit Salz würzen.

3. Die Kartoffeln längs halbieren und das Innere etwas aushöhlen. Mit der Paneer-Mischung füllen und die beiden Hälften mit Zahnstochern zusammenstecken.

4. Die Minze und das Koriandergrün waschen und trockenschütteln, die Blätter abzupfen. Die Mango schälen, das Fruchtfleisch vom Kern schneiden und grob zerkleinern. Alles in den Mixer geben und zu einer feinen Paste verarbeiten.

5. Die Zwiebel schälen und fein hacken. Das Öl in einem Topf erhitzen und die Zwiebel darin in etwa 3 Min. goldbraun anbraten. Kreuzkümmel, Tomatenpüree und Mangopaste dazugeben und $^1/_2$ Min. mitbraten. Den Joghurt und 200 ml Wasser verrühren, hinzufügen und unterrühren.

6. Die gefüllten Kartoffeln in die Sauce legen und bei schwacher Hitze etwa 15 Min. kochen lassen, bis die Kartoffeln weich sind.

7. Die gefüllten Kartoffeln mit der Sauce auf Teller verteilen und mit Garam Masala bestreut servieren. Dazu schmeckt Vollkornbrot (Chapati, Seite 40).

GETRÄNK: Wasser

VARIANTE: Für gefüllte Eier 8 große Eier in etwa 10 Min. hart kochen, abschrecken und pellen. Die Eier längs halbieren und die Eigelbe herauslösen. Die Eihälften mit der Paneer-Mischung füllen, zusammenstecken und in der Sauce etwa 5 Min. ziehen lassen.

Ein raffiniertes und zudem preiswertes Gericht.

Käse mit Doppel-Zwiebel

PANEER DO PYAZA

FÜR ANFÄNGER
SCHARF
AUS NORDINDIEN

ZUBEREITUNG: 35 Min.
PRO PORTION CA.: 235 kcal

FÜR 4 PERSONEN:

500 g Paneer (S. 18/19)
3 mittelgroße Zwiebeln
2 cm frischer Ingwer
4 Knoblauchzehen
3 grüne Chilischoten
4 EL Öl
$^1/_2$ TL Kurkuma (S. 13)
$^1/_2$ TL Chilipulver
$^1/_2$ TL Garam Masala (S. 13)
$^1/_2$ TL Salz
4 EL Tomatenpüree

1. Das Paneer in 5–7 cm große Stücke schneiden und beiseite stellen.

2. Die Zwiebeln schälen, halbieren und längs in breite Spalten schneiden. Den Ingwer und den Knoblauch schälen. Die Chilischoten waschen und die Stielansätze entfernen. Die Hälfte der Zwiebeln mit dem Ingwer, dem Knoblauch und den Chilischoten in den Mixer geben und zu einer feinen Paste pürieren.

3. Das Öl in einem Topf erhitzen. Die pürierte Zwiebelmischung hinzufügen und bei mittlerer Hitze etwa 5 Min. goldbraun braten.

4. Kurkuma, Chilipulver, Garam Masala, Salz und Tomatenpüree nacheinander hinzufügen und 1 Min. weiterbraten. Die Paneer-Stücke dazugeben und vorsichtig untermischen. Die restlichen Zwiebeln und 2 EL Wasser untermischen. Den Topf vom Herd nehmen und den Käse noch für etwa 5 Min. zugedeckt ziehen lassen.

GARNIEREN: mit reichlich frisch gehackter Petersilie

GETRÄNK: Wasser

TIPP!

So vermeiden Sie Tränen beim Zwiebelschneiden: Legen Sie die Zwiebeln vorher für 1 Std. in kaltes Wasser. Danach mit einem scharfen Messer (auch hier die Klinge vorher unter kaltem Wasser waschen) wie gewünscht zerteilen.

Mittagspause in einem Streetfood-Restaurant.

Kartoffeln werden in allen Regionen Indiens gern gegessen, hier zwei besonders würzige vegetarische Rezepte.

Gebratene Kartoffeln

ALOO BHUNE HUE

FÜR ANFÄNGER
KNUSPRIG
AUS JAIPUR

ZUBEREITUNG: 30 Min.
PRO PORTION CA.: 270 kcal

FÜR 4 PERSONEN:

700 g kleine, mehlig kochende Kartoffeln
Öl zum Frittieren
2 EL Öl
1 1/2 TL Kreuzkümmel
1 EL grob gemahlener Koriander
1 TL fein gemahlener Koriander
1 TL Chilipulver
1 TL Kurkuma (S. 13)
1 1/2 TL Mangopulver (S. 13)
3/4 TL Salz
1/2 Bund Koriandergrün

1. Die Kartoffeln schälen, waschen und mit Küchenpapier sorgfältig abtrocknen. In einem Kadhai oder Wok Öl zum Frittieren erhitzen und die Kartoffeln darin in etwa 5 Min. goldbraun frittieren. Mit einem Schaumlöffel herausheben. Die Kartoffeln zwischen Küchenpapier mit den Händen etwas zerdrücken.

2. Das Öl in einer Pfanne erhitzen. Kreuzkümmel und Koriander darin 1 Min. anrösten. Die Kartoffeln, das Chilipulver, Kurkuma, Mangopulver und Salz hinzufügen; falls die Mischung sehr trocken ist, 2–3 EL Wasser dazugeben. Alles 5 Min. bei mittlerer Hitze unter Rühren braten.

3. Das Koriandergrün waschen und trockenschütteln, die Blätter fein hacken und darüber streuen. Die Pfanne vom Herd nehmen und zugedeckt noch 5 Min. ziehen lassen. Mit einem Chutney (Seiten 136–138) als Vorspeise oder mit Chapati (Seite 40) als Hauptspeise servieren.

GARNIEREN: Mit Chat Masala bestreuen.

GETRÄNK: Wasser

VARIANTE: Schmeckt auch mit Yams (siehe Seite 161) sehr fein.

Kartoffeln mit Bockshornklee

METHI ALOO

FÜR ANFÄNGER
WÜRZIG
AUS PUNJAB

ZUBEREITUNG: 30 Min.
PRO PORTION CA.: 160 kcal

FÜR 4 PERSONEN:

250 g mehlig kochende Kartoffeln
200 g getrocknete Bockshornkleeblätter (S. 11)
4–5 EL Öl
3 getrocknete Chilischoten
1/4 TL Chilipulver
Salz

1. Die Kartoffeln waschen, schälen und in große Würfel schneiden. Die Bockshornkleeblätter in reichlich Wasser zwei- bis dreimal waschen und in einem Sieb abtropfen lassen.

2. Das Öl in einer Pfanne erhitzen. Die Chilischoten hineinbröseln und darin 1/2 Min. anrösten. Die Kartoffeln dazugeben und 5–7 Min. bei starker Hitze rundherum anbraten.

3. Die Kartoffeln mit dem Chilipulver und etwas Salz würzen und 1 Min. weiterbraten. Den gewaschenen Bockshornklee dazugeben und bei mittlerer Hitze etwa 10 Min. kochen lassen.

4. Eine Kartoffel anstechen und testen, ob sie weich ist. Dann die Pfanne vom Herd nehmen und zugedeckt noch 5 Min. ziehen lassen. Dazu passt Chapati (Seite 40).

GARNIEREN: Auf jede Portion 1 EL Joghurt geben.

GETRÄNK: Lassi (Seite 153)

VARIANTE: Statt des Bockshornklees 100 g in Streifen geschnittenen Spinat zu den Kartoffeln geben.

Diese beiden kleinen Gerichte können Sie als Teil eines Menüs oder ganz einfach als Snack zwischendurch servieren – kommt nicht nur bei Vegetariern gut an!

FÜR GEÜBTE
PIKANT
AUS LAKHNAU

Curry-Champignons

NAWABI KHUMB

ZUBEREITUNG: 30 Min.
PRO PORTION CA.: 280 kcal

FÜR 4 PERSONEN:

- 1 Zwiebel
- 50 g frischer Ingwer
- 2 grüne Chilischoten
- 100 g Cashewkerne
- 1 TL Kreuzkümmel
- 250 g Champignons
- 3 EL Öl
- 1 TL Garam Masala (S. 13)
- 150 g TK-Erbsen
- 3/4 TL Salz
- 150 g Joghurt

1. Die Zwiebel und den Ingwer schälen und in Stücke schneiden. Die Chilischoten waschen und die Stielansätze entfernen. Alles mit den Cashewkernen und dem Kreuzkümmel in den Mixer geben und zu einer feinen Paste verarbeiten.

2. Die Champignons putzen, wenn nötig waschen und mit Küchenpapier abtrocknen und in Scheiben schneiden.

3. Das Öl in einem Topf erhitzen. Die Paste aus dem Mixer darin 5–7 Min. rösten, bis sich das Öl absondert. Garam Masala, die Champignons und Erbsen dazugeben und 5 Min. bei starker Hitze braten. 200 ml Wasser angießen und etwa 10 Min. kochen lassen, bis Pilze und Erbsen weich sind.

4. Das Salz und den Joghurt unterrühren. Den Topf vom Herd nehmen und zugedeckt noch etwa 5 Min. ziehen lassen. Dazu schmecken Maisfladen (Seite 43).

GARNIEREN: Mit gehacktem Koriandergrün bestreuen.

GETRÄNK: Wasser

VARIANTE: Statt der Champignons können Sie auch andere Pilze, z. B. Austernpilze verwenden.

FÜR ANFÄNGER
PIKANT
AUS GUJARAT

Gewürzter Mais

MAKKI CHATPATI

ZUBEREITUNG: 30 Min.
PRO PORTION CA.: 525 kcal

FÜR 4 PERSONEN:

- 1 große Dose Mais (480 g Abtropfgewicht)
- 2 mittelgroße Zwiebeln
- 2–3 EL Öl
- 2 Lorbeerblätter
- 1 TL Senfkörner
- 1/2 TL Kurkuma (S. 13)
- 1/2 TL Chilipulver
- 150 g geröstete Erdnüsse
- 2 Stiele Koriandergrün
- 1/2 TL Salz

1. Den Mais in ein Sieb abgießen, mit kaltem Wasser abbrausen und abtropfen lassen. Die Zwiebeln schälen und fein schneiden.

2. Das Öl in einem Topf erhitzen. Die Zwiebeln darin bei mittlerer Hitze in etwa 3 Min. leicht braun anbraten. Lorbeerblätter und Senfkörner hinzufügen. Wenn die Senfkörner zu platzen beginnen, Kurkuma, Chilipulver und den Mais dazugeben und 2–3 Min. mitbraten. 2–3 EL Wasser hinzufügen und weitere 5 Min. kochen lassen.

3. In der Zwischenzeit die Erdnüsse fein mahlen oder im Mörser fein zerstoßen.

4. Das Koriandergrün waschen und trockenschütteln, die Blätter fein hacken. Erdnüsse, Koriander und Salz unter den Mais rühren. Den Topf vom Herd nehmen und zugedeckt noch 5 Min. ziehen lassen.

GARNIEREN: mit Garam Masala

GETRÄNK: Wasser

VARIANTE: Sie können auch Erbsen auf diese Weise zubereiten.

FÜR ANFÄNGER
WÜRZIG
AUS PUNJAB

Gewürzte Lotusstange

MASALE WALE BEHE

ZUBEREITUNG: 35 Min.
PRO PORTION CA.: 120 kcal

FÜR 4 PERSONEN:

400 g Lotusstange (S. 161)
1 Zwiebel
3 Knoblauchzehen
50 g frischer Ingwer
4 EL Öl
100 g Tomatenpüree
1 TL Salz
1 TL gemahlener Koriander
$^{1}/_{2}$ TL Chilipulver
2 Stiele Koriandergrün
1 TL Mangopulver (S. 13)

1. Die Lotusstange schälen, waschen und schräg in Stücke schneiden. Zwiebel, Knoblauch und Ingwer schälen und zusammen im Mixer zu einer feinen Paste verarbeiten.

2. Das Öl in einer Topf erhitzen und die Paste darin 3 Min. bei mittlerer Hitze anbraten. Tomatenpüree, Salz, Koriander und Chilipulver dazugeben und 1 Min. weiterbraten.

3. Die Lotusstücke nochmals kurz waschen und in den Topf geben. Alles einmal gut umrühren. Halb zugedeckt etwa 15 Min. kochen lassen, bis die Lotusstange weich ist. Mit einem spitzen Messer anstechen, um zu prüfen, ob die Lotusstange gar ist.

4. Das Koriandergrün waschen und trockenschütteln, die Blätter abzupfen. Das fertige Gericht mit dem Mangopulver und den Korianderblättchen garnieren und heiß mit Chapati (Seite 40) servieren.

GETRÄNK: Wasser

VARIANTE: Statt der Lotusstange können Sie für dieses Rezept auch Bittergurke (siehe Seite 15) verwenden.

Okra mit Knoblauch

LASOONI BHINDI

1. Die Okra waschen, abtrocknen und jede Schote gut mit einem feuchten Tuch abwischen. Jeweils die beiden Enden abschneiden und in jede Okraschote einen Längsschlitz einschneiden.

2. Chilipulver, Koriander, Garam Masala, Kurkuma, Mangopulver und Salz vermengen und diese Würzmischung in die Schnittspalten der Okra drücken.

3. Das Öl in einer Pfanne erhitzen und die Knoblauchpaste darin 1 Min. anbraten. Das Kichererbsenmehl hinzufügen und etwa 2 Min. weiterbraten.

4. Die gefüllten Okra in die Pfanne geben und 3–5 Min. bei mittlerer Hitze braten.

5. Den Topf vom Herd nehmen. Das Anispulver über die Okra streuen und zugedeckt noch etwa 5 Min. ziehen lassen. Mit Chapati (Seite 40) servieren.

GARNIEREN: mit Chat Masala

GETRÄNK: Lassi (Seite 153)

VARIANTE: Statt der Okra können Sie auch Mini-Auberginen (Asienladen) verwenden.

FÜR ANFÄNGER
PIKANT
KLASSIKER

ZUBEREITUNG: 30 Min.
PRO PORTION CA.: 130 kcal

FÜR 4 PERSONEN:

- 400 g Okra (S. 15)
- 1/2 TL Chilipulver
- 1 TL gemahlener Koriander
- 1 TL Garam Masala (S. 13)
- 1/2 TL Kurkuma (S. 13)
- 1 TL Mangopulver (S. 13)
- 1/2 TL Salz
- 4 EL Öl
- 1 EL Knoblauchpaste (aus dem Glas)
- 1 EL Kichererbsenmehl
- 1 TL Anispulver

Blumenkohl- und Okragerichte stehen auf dem Speiseplan indischer Familien ganz oben und werden zusammen mit Linsen und frisch zubereitetem Fladenbrot beinahe täglich gegessen.

FÜR ANFÄNGER
MILD
AUS PUNJAB

ZUBEREITUNG: 40 Min.
PRO PORTION CA.: 160 kcal

FÜR 4 PERSONEN:

1 mittelgroßer Blumenkohl (etwa 500 g)
250 g Joghurt
3/4 TL Salz
1/2 TL Chilipulver
1 TL grünes Kardamompulver
50 g frischer Ingwer
2 grüne Chilischoten
4 EL Öl
10 Gewürznelken
1 Zimtstange
2 Lorbeerblätter
100 g Tomatenpüree
2 Stiele Koriandergrün
2 EL getrocknete Bockshornkleeblätter (S. 11)

Blumenkohl mit Bockshornklee

KASTOORI GOBI

1. Den Blumenkohl waschen und in mittelgroße Stücke schneiden. Den Joghurt in eine Schüssel geben und mit dem Salz, Chili- und Kardamompulver verrühren. Die Blumenkohlstücke in diese Mischung einlegen.

2. Den Ingwer schälen und fein hacken, die Chilischoten waschen und hacken. Das Öl in einem Topf erhitzen. Gewürznelken, Zimt und Lorbeerblätter darin 1/2 Min. anrösten. Ingwer, Tomatenpüree und Chilis hinzufügen und 3–5 Min. braten, bis sich das Öl absondert.

3. Den Backofen auf 180° vorheizen. Die marinierten Blumenkohlstücke in den Topf geben und 5–7 Min. bei mittlerer Hitze kochen lassen.

4. Das Koriandergrün waschen, die Blätter hacken und mit dem Bockshornklee unter den Blumenkohl mischen.

5. Den Blumenkohl samt Sauce in eine ofenfeste Form füllen und im Backofen (Mitte, Umluft 160°) etwa 10 Min. backen. Dazu schmeckt Paratha (Seite 44).

GARNIEREN: mit Zwiebelringen

GETRÄNK: Wasser

VARIANTE: Schmeckt auch mit Brokkoli (etwas kürzere Garzeit!) sehr fein.

FÜR ANFÄNGER
PIKANT
AUS PUNJAB

ZUBEREITUNG: 30 Min.
PRO PORTION CA.: 130 kcal

FÜR 4 PERSONEN:

250 g Okra (S. 15)
3 große Zwiebeln
4–5 EL Öl
1 TL gemahlener Koriander
1/2 TL gemahlener Kreuzkümmel
1/2 TL Chilipulver
1/2 TL Kurkuma (S. 13)
1/2 TL Salz
1 TL Garam Masala (S. 13)

Okra mit Zwiebeln

BHINDI KI SABZI

1. Die Okra waschen, abtrocknen und jede Schote gut mit einem feuchten Tuch abwischen. Jeweils die beiden Enden abschneiden und die Okra in etwa 4 cm große Stücke schneiden. Die Zwiebeln schälen und in große Würfel schneiden.

2. Das Öl in einer Pfanne erhitzen. Die Okrastücke darin 5–7 Min. bei starker Hitze leicht braun rösten. Herausnehmen und beiseite stellen.

3. Die Zwiebeln im Bratfett bei mittlerer Hitze in etwa 5 Min. glasig anbraten.

4. Koriander, Kreuzkümmel und Chilipulver, Kurkuma und Salz zu den Zwiebeln geben und kurz mitbraten. Die vorgebratenen Okra wieder in die Pfanne geben und untermischen.

5. Die Pfanne vom Herd nehmen und die Okra zugedeckt noch 5 Min. ziehen lassen. Vor dem Servieren mit Garam Masala verfeinern.

GETRÄNK: Wasser

VARIANTE: Statt der Okra können Sie auch 250 g in Würfel geschnittenes Paneer auf diese Weise zubereiten.

Bittergurken sind nicht jedermanns Sache, schmecken aber gut zubereitet durchaus überzeugend. In Indien werden sie außerdem wegen ihrer blutreinigenden Wirkung geschätzt.

FÜR GEÜBTE
KNUSPRIG
KLASSIKER

Gebratene Bittergurke

KERELE MASALE WALE

ZUBEREITUNG: 40 Min.
PRO PORTION CA.: 135 kcal

FÜR 4 PERSONEN:

500 g Bittergurke (S. 15)
1 1/2 TL Salz
1 Zwiebel
4 EL Öl
1/2 TL Bockshornkleesamen (S. 11)
1/2 TL Zwiebelsamen
2 TL Mangopulver (S. 13)
1 TL gemahlener Koriander
1/2 TL Garam Masala (S. 13)
200 g Joghurt

1. Die Bittergurke schälen, die beiden Enden entfernen und in etwa 2 cm dicke Scheiben schneiden. Die Bittergurkenscheiben mit dem Salz einreiben und beiseite stellen.

2. Die Zwiebel schälen und achteln. Das Öl in einer Pfanne erhitzen und die Zwiebelstücke darin in etwa 10 Min. bei mittlerer Hitze braun braten. Erst die Bockshornklee-, dann die Zwiebelsamen hinzufügen. Mangopulver, Koriander und Garam Masala unterrühren.

3. Die Bittergurkenstücke in die Pfanne geben und bei mittlerer Hitze etwa 10 Min. braten, bis sie ein wenig knusprig sind.

4. Den Joghurt über die Bittergurken gießen. Die Pfanne vom Herd nehmen und zugedeckt noch 5 Min. ziehen lassen. Mit Paratha (Seite 44) servieren.

GETRÄNK: Wasser

VARIANTE: Statt der Bittergurke können Sie auch Okra auf diese Weise zubereiten.

FÜR ANFÄNGER
GESUND
KLASSIKER

Buntes Gemüse

SABZI

ZUBEREITUNG: 30 Min.
PRO PORTION CA.: 165 kcal

FÜR 4 PERSONEN:

150 g mehlig kochende Kartoffeln
2 Zwiebeln
150 g Aubergine
je 1 gelbe und grüne Paprikaschote
Öl zum Frittieren
1 TL Ajwain (S. 13)
1/2 TL Kurkuma (S. 13)
1 TL gemahlener Koriander
1/2 TL Chilipulver
3/4 TL Salz

1. Die Kartoffeln und Zwiebeln schälen und in längliche Stücke bzw. Spalten schneiden. Die Aubergine waschen und in Stücke schneiden. Die Paprikaschoten putzen, waschen und in Streifen schneiden.

2. In einer Pfanne mit hohem Rand 2 cm hoch Öl erhitzen. Die Auberginen- und Kartoffelstücke darin etwa 5 Min. frittieren und herausnehmen.

3. Das Öl abgießen, sodass die Pfanne nur noch wenig Öl enthält. Erst Ajwain, dann Kurkuma, Koriander, Chilipulver und Salz darin 1/2 Min. anrösten. Die Zwiebeln hinzufügen und 1 Min. anbraten. Kartoffeln, Aubergine und Paprikaschoten dazugeben und 5 Min. bei mittlerer Hitze braten. Eventuell ein wenig Wasser darüber spritzen.

4. Die Pfanne vom Herd nehmen und noch 5 Min. zugedeckt ziehen lassen. Mit Reis oder Brot servieren.

GARNIEREN: mit Garam Masala

GETRÄNK: Pfefferminztee

VARIANTE: Im Prinzip können Sie dazu alle Gemüsesorten der Saison verwenden und nach Lust und Laune kombinieren.

FÜR GEÜBTE
WÜRZIG
AUS NORDINDIEN

ZUBEREITUNG: 40 Min.
PRO PORTION CA.: 200 kcal

FÜR 4 PERSONEN:

- 300 g mehlig kochende Kartoffeln
- 8 mittelgroße grüne Paprikaschoten
- 1 kleine Zwiebel
- 1 TL Ajwain (S. 13)
- $^{1}/_{2}$ TL Chilipulver
- $^{1}/_{2}$ TL Garam Masala (S. 13)
- 1 TL Mangopulver (S. 13)
- $^{3}/_{4}$ TL Salz
- 4 EL Öl

Gefüllte Paprikaschoten aus dem Ofen

BHARVI SHIMLA MIRCH

1. Die Kartoffeln waschen und in einem Topf mit Wasser bedeckt in etwa 25 Min. weich kochen. Abgießen, pellen und grob zerdrücken.

2. Inzwischen die Paprikaschoten waschen und jeweils einen Deckel abschneiden und beiseite legen. Kerne und Trennwände vorsichtig herauslösen.

3. Den Backofen auf 180° vorheizen. Die Zwiebel schälen und fein hacken. Kartoffeln, Zwiebel, Ajwain, Chilipulver, Garam Masala, Mangopulver und Salz sorgfältig vermischen und die Paprikaschoten damit füllen.

4. Eine ofenfeste Form mit 2 EL Öl ausstreichen. Die Paprikaschoten aufrecht nebeneinander hineingeben und die beiseite gelegten Deckel auf die Schoten setzen. Mit dem restlichen Öl beträufeln und im heißen Ofen (Mitte, Umluft 160°) 20–25 Min. backen. Dazu schmeckt Naan (Seite 55).

GETRÄNK: Pfefferminzwasser (Seite 153)

VARIANTE: Sie können auch Auberginen oder Zucchini mit der Kartoffelmischung füllen und im Ofen backen.

Blumenkohlbällchen in Currysauce

GOBI KOFTA

1. Den Blumenkohl waschen und raspeln. Die Raspel mit dem Kichererbsenmehl, Ajwain, Chilipulver und Salz verkneten. Aus der Masse kleine Bällchen formen.

2. In einem Topf Öl erhitzen und die Bällchen darin portionsweise in 4–5 Min. goldbraun frittieren. Mit einem Schaumlöffel herausnehmen.

3. Für die Currysauce die Zwiebel schälen und fein hacken. Das Öl in einem weiten Topf erhitzen. Die Zwiebel darin 3 Min. anbraten. Koriander, Kurkuma, Chilipulver, Salz und Tomatenpüree hinzufügen und 2 Min. mitbraten.

4. 1 l Wasser angießen und 15 Min. kochen lassen. Die frittierten Bällchen einlegen, den Topf vom Herd nehmen und zugedeckt noch 5 Min. ziehen lassen. Mit Reis oder Brot servieren.

GARNIEREN: 1 TL Garam Masala und 1 EL frisch gehackte Petersilie darüber streuen.

GETRÄNK: Wasser

VARIANTE: Statt des Blumenkohls können Sie geraspelten Weißkohl verwenden.

FÜR GEÜBTE
SAFTIG
AUS NORDINDIEN

ZUBEREITUNG: 35 Min.
PRO PORTION CA.: 205 kcal

FÜR 4 PERSONEN:

- 1 mittelgroßer Blumenkohl
- 3 EL Kichererbsenmehl
- 1 TL Ajwain (S. 13)
- 1/2 TL Chilipulver
- 3/4 TL Salz
- Öl zum Frittieren
- 1 große Zwiebel
- 2 EL Öl
- 1 TL gemahlener Koriander
- 1 TL Kurkuma (S. 13)
- 1/2 TL Chilipulver
- 1/2 TL Salz
- 100 g Tomatenpüree

Diese beiden Gemüsegerichte sind auch bei empfindlichem Magen gut verträglich und durch ihren hohen Eisengehalt sehr gesund.

Einfache Zucchini

TORI KI SABZI

FÜR ANFÄNGER
MILD
AUS PUNJAB

ZUBEREITUNG: 30 Min.
PRO PORTION CA.: 105 kcal

FÜR 4 PERSONEN:

500 g Zucchini
2 Tomaten
4 EL Öl
1 TL Kreuzkümmel
1 TL gemahlener Koriander
1 TL edelsüßes Paprikapulver
$^{1}/_{2}$ TL Kurkuma (S. 13)
$^{1}/_{2}$ TL Chilipulver
$^{1}/_{2}$ TL Garam Masala (S. 13)
$^{1}/_{2}$ TL Salz

1. Die Zucchini waschen und jeweils die beiden Enden entfernen. Die Zucchini in Würfel schneiden und in eine Schüssel mit reichlich Wasser einlegen. Die Tomaten waschen und ebenfalls würfeln, die Stielansätze dabei entfernen.

2. Das Öl in einem Topf erhitzen. Den Kreuzkümmel darin $^{1}/_{2}$ Min. anrösten. Koriander, Paprikapulver, Kurkuma, Chilipulver, Garam Masala und Salz hinzufügen und 1 Min. mitrösten.

3. Die Zucchini durch ein Sieb abgießen und zu den Gewürzen in den Topf geben. Etwa 10 Min. bei mittlerer Hitze schmoren lassen, gelegentlich umrühren.

4. Die Tomaten untermischen und zugedeckt noch 5 Min. ziehen lassen. Dazu schmeckt Chapati (Seite 40).

GARNIEREN: Auf jede Portion Zucchinigemüse 1 EL Joghurt geben.

GETRÄNK: Wasser

VARIANTE: Sie können auch jedes andere Gemüse so zubereiten.

Brokkoli mit Spinat

SAAG

FÜR ANFÄNGER
PIKANT
AUS PUNJAB

ZUBEREITUNG: 30 Min.
BEI 6 PORTIONEN PRO PORTION CA.: 150 kcal

FÜR 4–6 PERSONEN:

400 g Brokkoli
400 g Spinat
$^{3}/_{4}$ TL Salz
250 g saure Sahne
1 große Zwiebel
100 g frischer Ingwer
4–5 EL Ghee (S. 19; ersatzweise Butterschmalz)
1 TL Kreuzkümmel
1 TL edelsüßes Paprikapulver
$^{1}/_{2}$ TL Chilipulver
$^{1}/_{2}$ TL Garam Masala (S. 13)

1. Den Brokkoli waschen und in Stücke schneiden. Den Spinat gründlich waschen und grob hacken. Beides mit 125 ml Wasser in einen Topf geben. In etwa 10 Min. bei mittlerer Hitze weich dünsten. Das Salz und die saure Sahne untermischen.

2. Inzwischen die Zwiebel und den Ingwer schälen und fein hacken. Das Ghee in einer Pfanne erhitzen und beides darin bei mittlerer Hitze in etwa 2 Min. glasig anbraten. Kreuzkümmel, Paprika, Chilipulver und Garam Masala hinzufügen und $^{1}/_{2}$ Min. mitbraten.

3. Die Zwiebel-Gewürz-Mischung zum Gemüse geben und gut unterrühren. Dazu schmecken Maisfladen (Seite 43).

GARNIEREN: Mit Garam Masala bestreuen.

GETRÄNK: Wasser

VARIANTE: Statt Brokkoli können Sie auch Romanesco oder Blumenkohl verwenden.

TIPP!

Durch das Ghee bekommt das Gemüse ein feines, buttriges Aroma. Wie Sie es selbst herstellen, lesen Sie auf Seite 19.

FÜR ANFÄNGER
PIKANT
AUS NORDINDIEN

ZUBEREITUNG: 25 Min.
PRO PORTION CA.: 135 kcal

FÜR 4 PERSONEN:

1 mittelgroßer Weißkohl (etwa 500 g)
3–4 EL Öl
1 TL Kreuzkümmel
2 Lorbeerblätter
1 TL Senfkörner
200 g TK-Erbsen
1/2 TL Kurkuma (S. 13)
1/2 TL Chilipulver
3/4 TL Salz
1/2 TL Garam Masala (S. 13)

Gebratener Weißkohl

BAND GOBI

1. Den Weißkohl waschen, halbieren und den Strunk herausschneiden. In sehr feine, lange Streifen schneiden oder hobeln.

2. Das Öl in einem Topf auf mittlere Hitze erwärmen und den Kreuzkümmel, die Lorbeerblätter und Senfkörner hinzufügen. Kohlstreifen und Erbsen dazugeben und etwa 1/2 Min. unter Rühren anbraten.

3. Kurkuma, Chilipulver und Salz darüber streuen und unterrühren. Zugedeckt bei schwacher Hitze etwa 10 Min. dünsten, bis das Gemüse weich ist.

4. Vor dem Servieren Garam Masala untermischen. Mit Chapati (Seite 40) servieren.

GETRÄNK: Wasser

VARIANTE: Satt des Weißkohls können Sie auch Kartoffeln auf diese Weise zubereiten.

TIPP!

Falls Sie nur einen größeren Weißkohlkopf bekommen, bereiten Sie doch aus dem Rest einen Königssalat (Seite 132) zu.

Yams mit Sesam

TIL WALI ARBI

1. Die Yams in einem Topf mit Wasser bedeckt in 15–20 Min. weich kochen. Abgießen und pellen.

2. Die Yams je nach Größe halbieren oder in Scheiben schneiden und beidseitig mit Sesam panieren. Das Öl in einer Pfanne erhitzen und die Yams darin bei mittlerer Hitze in etwa 5 Min. goldbraun braten.

3. Inzwischen den Ingwer schälen und fein hacken. Den Knoblauch schälen und durch die Presse drücken. Die Chilischoten waschen, die Stielansätze entfernen und klein schneiden.

4. Die gebratenen Yams aus der Pfanne nehmen und beiseite stellen. Im Bratfett Ingwer und Knoblauch 1 Min. anbraten. Chilis und Kurkuma dazugeben und 1/2 Min. mitbraten.

5. Tomatenpüree und saure Sahne verrühren, untermischen und 5 Min. bei mittlerer Hitze kochen lassen. Mit Salz abschmecken und die Yams wieder in die Pfanne geben. Die Pfanne vom Herd nehmen und zugedeckt noch 5 Min. ziehen lassen. Als Beilage passt Kreuzkümmelreis (Seite 46).

GARNIEREN: Auf jede Portion 1 EL Joghurt geben.

GETRÄNK: Limonade (Seite 153)

VARIANTE: Wenn Sie keine Yams bekommen, können Sie für dieses Rezept auch Süßkartoffeln verwenden.

FÜR GEÜBTE
FÜR FEINSCHMECKER
AUS NORDINDIEN

ZUBEREITUNG: 30 Min.
PRO PORTION CA.: 405 kcal

FÜR 4 PERSONEN:

700 g Yams (S. 161)
100 g Sesamsamen
5–6 EL Öl
3 cm frischer Ingwer
4 Knoblauchzehen
1 TL Kurkuma (S. 13)
4 grüne Chilischoten
100 g Tomatenpüree
200 g saure Sahne
1 TL Salz

In der Region Punjab stehen diese beiden Hülsenfruchtgerichte mehrmals pro Woche auf dem Speisezettel jeder Familie.

Saure Kichererbsen

KHATE CHOLE

FÜR ANFÄNGER
PIKANT
AUS PUNJAB

ZUBEREITUNG: 35 Min.
EINWEICHZEIT: 12 Std.
PRO PORTION CA.: 455 kcal

FÜR 4 PERSONEN:

500 g Kichererbsen
$^1/_2$ TL Backpulver
Salz
1 große Zwiebel
100 g frischer Ingwer
4 EL Öl
1 EL Channa Masala
2 TL Mangopulver (S. 13)

1. Die Kichererbsen gründlich waschen und mit dem Backpulver mischen. In der doppelten Menge Wasser (gleich in dem Topf, in dem sie gekocht werden sollen) 12 Std. einweichen.

2. Die Kichererbsen salzen, im Einweichwasser zum Kochen bringen und in etwa 30 Min. weich kochen. (Das Backpulver sorgt dafür, dass sie schneller garen.)

3. Die Zwiebel und den Ingwer schälen und fein hacken bzw. in Streifen schneiden. Das Öl in einem Topf erhitzen und die Zwiebel darin in etwa 3 Min. leicht braun braten.

4. Channa Masala und Mangopulver hinzufügen, unter die Zwiebel rühren und 1 Min. mitbraten.

5. Die Kichererbsen samt Kochflüssigkeit in den Topf geben und gut unterrühren. Den Ingwer darüber verteilen und weitere 5 Min. kochen lassen. In Indien isst man dazu traditionell Bhatura-Brot (Seite 43).

GARNIEREN: mit Zwiebelringen oder mit Streifen von grünen Chilischoten

GETRÄNK: Lassi (Seite 153)

TIPP!

Wenn Sie einen Schnellkochtopf besitzen, kochen Sie die Kichererbsen darin weich – dauert nur 15 Minuten!

Linsen mit Spinat

PALAK WALI DAL

FÜR ANFÄNGER
MILD
AUS NORDINDIEN

ZUBEREITUNG: 30 Min.
PRO PORTION CA.: 210 kcal

FÜR 4 PERSONEN:

200 g gelbe Moong-Linsen
1 TL Salz
1 TL Kurkuma (S. 13)
200 g Spinat
2 EL Ghee (S.19; ersatzweise Butterschmalz)
$^1/_2$ EL Kreuzkümmel
1 TL edelsüßes Paprikapulver
$^1/_2$ TL Chilipulver
$^1/_2$ TL Garam Masala (S. 13)

1. In einem Topf Wasser zum Kochen bringen. Die Linsen waschen und in das kochende Wasser geben. Salz und Kurkuma hinzufügen und bei mittlerer Hitze etwa 10 Min. halb zugedeckt kochen lassen.

2. Inzwischen den Spinat gründlich waschen und fein schneiden. Hinzufügen und 10 Min. mitkochen lassen.

3. Das Ghee in einer Pfanne schmelzen lassen. Zuerst den Kreuzkümmel, danach die restlichen Gewürze hinzufügen und etwa $^1/_2$ Min. rösten. Die Mischung zu den fertigen Linsen geben und leicht unterrühren. Dazu schmecken Chapati (Seite 40) und Pfefferminzchutney (Seite 138).

GARNIEREN: mit Garam Masala

GETRÄNK: Wasser

VARIANTE: Andere Linsen (z. B. Urad-Dal) verwenden.

TIPP!

Wenn Sie dem Kochwasser für die Linsen 3–4 Tropfen Kokosnussöl beifügen, werden diese schneller weich.

Unter all den vielen Linsengerichten der indischen Küche ist dies das luxuriöseste: Es werden vier verschiedene Linsen verwendet und mit Ghee und feinen Gewürzen zu der Köstlichkeit verwandelt, die man auch bei Hofe zu schätzen wusste – daher der Name.

FÜR GEÜBTE
PIKANT
FÜR FESTTAGE

ZUBEREITUNG: 45 Min.
BEI 6 PORTIONEN PRO PORTION CA.: 315 kcal

FÜR 4–6 PERSONEN:

100 g Moong-Linsen
100 g Urad-Linsen
100 g Toor-Linsen
100 g Masoor-Linsen
3/4 TL Salz
1 Zwiebel
50 g frischer Ingwer
3–4 Knoblauchzehen
3 EL Ghee (S. 19; ersatzweise Butterschmalz)
1 TL Kreuzkümmel
1 TL edelsüßes Paprikapulver
1/2 TL Chilipulver
1/2 TL Garam Masala (S. 13)

Maharani-Dal

SHAHI DAL

1. Alle Linsen zusammen in kaltem Wasser gründlich waschen. Mit der vierfachen Menge Wasser und dem Salz bei mittlerer Hitze 25–30 Min. kochen lassen; den sich bildenden Schaum abschöpfen.

2. Inzwischen die Zwiebel, den Ingwer und den Knoblauch schälen und fein hacken.

3. Das Ghee in einer Pfanne erhitzen. Den Knoblauch darin kurz anbraten, dann die Zwiebel dazugeben, zuletzt den Ingwer unterrühren und 1 Min. braten. Den Kreuzkümmel hinzufügen und 1 Min. mitbraten. Paprika- und Chilipulver und Garam Masala dazugeben und das Ganze unter die fertigen Linsen mischen. Mit Reis servieren.

GARNIEREN: 1 EL geschlagene Sahne auf jede Portion setzen.

GETRÄNK: Wasser

INFO

Es gibt in Indien 14 verschiedene Linsensorten, die es noch einmal in unterschiedlichen Ausführungen (z. B. geschält oder halbiert) gibt. Sie können ganz nach Belieben mischen.

Eine Händlerin füllt Chilischoten für den Verkauf.

Linsen sind ein wesentliches Element der indischen Ernährung. Sie werden wegen ihres hohen Gehalts an wertvollen pflanzlichen Proteinen nicht nur von Vegetariern geschätzt und kommen in jeder indischen Familie mindestens einmal am Tag auf den Tisch.

Trockene Linsen

SUKI DAL

FÜR GEÜBTE
PIKANT
AUS PUNJAB

ZUBEREITUNG: 30 Min.
PRO PORTION CA.: 315 kcal

FÜR 4 PERSONEN:

300 g Urad-Linsen
1/2 TL Salz
1 TL Kurkuma (S. 13)
4–5 Knoblauchzehen
70 g frischer Ingwer
3 EL Ghee (S. 19; ersatzweise Butterschmalz)
1 TL Kreuzkümmel
1 TL edelsüßes Paprikapulver
1/2 TL Chilipulver
1/2 TL Garam Masala (S. 13)

1. Die Linsen mehrmals in kaltem Wasser waschen. Mit der dreifachen Menge Wasser, Salz und Kurkuma bei mittlerer Hitze 15 Min. kochen lassen. Den Topf vom Herd nehmen und die Linsen zugedeckt noch 5 Min. ziehen lassen.

2. Den Knoblauch und den Ingwer schälen und fein hacken.

3. Das Ghee in einer Pfanne erhitzen. Den Knoblauch darin in 1 Min. bei starker Hitze dunkelbraun braten. Den Ingwer hinzufügen und 1 Min. weiterbraten.

4. Den Kreuzkümmel hinzufügen und 1/2 Min. mitbraten. Die restlichen Gewürze unterrühren und das Ganze sofort unter die fertigen Linsen mischen. Dazu schmeckt am besten frisches Chapati (Seite 40).

GARNIEREN: mit Korianderblättern und Streifen von grünen Chilischoten

GETRÄNK: Wasser

Saure Linsen

KHATI DAL

FÜR ANFÄNGER
SCHARF
AUS SÜDINDIEN

ZUBEREITUNG: 30 Min.
PRO PORTION CA.: 305 kcal

FÜR 4 PERSONEN:

300 g Toor-Linsen
1 TL Kurkuma (S. 13)
1 TL Salz
3 EL Tamarindensaft (S. 11; aus der Flasche)
3 EL Öl
3–4 getrocknete Chilischoten
2 EL Kreuzkümmel
1 TL Senfkörner
1 TL edelsüßes Paprikapulver
1 TL Garam Masala (S. 13)

1. Die Linsen gründlich waschen und mit der vierfachen Menge Wasser, Kurkuma und Salz in 15–20 Min. weich kochen. Den Tamarindensaft untermischen.

2. Das Öl in einer Pfanne erhitzen. Die Chilischoten hineinbröseln, den Kreuzkümmel und zuletzt die Senfkörner hinzufügen und etwa 1 Min. darin anrösten.

3. Das Paprikapulver und das Garam Masala dazugeben, kurz untermischen und die Mischung sofort unter die Linsen rühren. Zu den Sauren Linsen passt am besten Kreuzkümmelreis (Seite 46).

GARNIEREN: mit Korianderblättern

GETRÄNK: Wasser

VARIANTE: Sie können noch gebratene Auberginen-, Zwiebel- oder Kartoffelwürfelchen unterrühren.

Weiße Bohnen sind in Indien bei Jung und Alt beliebt. Sie sind preiswert und bilden mit Reis eine vollständige einfache Mahlzeit.

Weiße Bohnen

LOBIYA

FÜR ANFÄNGER
PIKANT
AUS NORDINDIEN

ZUBEREITUNG: 40 Min.
EINWEICHZEIT: 12 Std.
BEI 6 PORTIONEN PRO PORTION CA.: 235 kcal

FÜR 4–6 PERSONEN:

300 g weiße Bohnen
Salz
1 große Zwiebel
2 Tomaten
4 EL Öl
1 TL Kurkuma (S. 13)
1 TL gemahlener Koriander
1/2 TL Chilipulver
1/2 TL Garam Masala (S. 13)

1. Die Bohnen waschen und gleich im Kochtopf für 12 Std. in 600 ml Wasser einweichen.

2. Die Bohnen zum Kochen bringen, das Salz hinzufügen und bei starker Hitze in etwa 20 Min. weich kochen.

3. Die Zwiebel schälen und fein hacken. Die Tomaten waschen und in kleine Würfel schneiden, die Stielansätze dabei entfernen.

4. Das Öl in einem Topf erhitzen und die Zwiebel darin in etwa 3 Min. bei mittlerer Hitze goldbraun braten. Die Tomaten hinzufügen und 1 Min. mitbraten. Kurkuma, Koriander, Chilipulver und Garam Masala dazugeben und unterrühren.

5. Die Bohnen durch ein Sieb abgießen, das Kochwasser dabei auffangen. Die Bohnen zu der Zwiebel-Gewürz-Mischung geben und 5 Min. unter Rühren braten.

6. Mit dem Kochwasser ablöschen und die Bohnen in etwa 5 Min. bei mittlerer Hitze fertig garen. Dazu schmeckt Kreuzkümmelreis (Seite 46) sehr gut.

GARNIEREN: Mit reichlich frischen Korianderblättern bestreuen.

GETRÄNK: Wasser

VARIANTE: Statt der weißen, getrocknete rote Bohnen verwenden.

In Indien wird noch vielfach auf einem Holzfeuer gekocht.

Diese beiden Klassiker aus der Region Rajasthan machen sich mit ihren kräftigen Farben und Aromen auch gut auf Festbuffets.

Paneer mit Erbsen

PANEER KI BHURJI

FÜR ANFÄNGER
PIKANT
AUS JAIPUR

ZUBEREITUNG: 30 Min.
PRO PORTION CA.: 215 kcal

FÜR 4 PERSONEN:

300 g Paneer (S. 18/19)
2 große Zwiebeln
2 grüne Chilischoten
1 Bund Koriandergrün
4 EL Öl
100 g TK-Erbsen
1 TL Garam Masala (S. 13)
1/2 TL Chilipulver
1/2 TL Salz

1. Das Paneer in eine Schüssel reiben und beiseite stellen.

2. Die Zwiebeln schälen und fein hacken. Die Chilischoten waschen, die Stielansätze entfernen und klein schneiden. Das Koriandergrün waschen und trockenschütteln, die Blätter abzupfen und fein hacken.

3. Das Öl in einer Pfanne erhitzen. Die Zwiebeln darin in etwa 2 Min. glasig anbraten. Die Erbsen dazugeben und unter Rühren 2–3 Min. mitbraten.

4. Das geriebene Paneer hinzufügen und unterrühren. Die Chilischoten, Garam Masala, Chilipulver und Salz dazugeben, und alles 5 Min. bei mittlerer Hitze braten. Vor dem Servieren das gehackte Koriandergrün untermischen.

GETRÄNK: Limonade (Seite 153)

Indische »Currywurst«

GATTE KI SABZI

FÜR GEÜBTE
WÜRZIG
AUS RAJASTHAN

ZUBEREITUNG: 45 Min.
PRO PORTION CA.: 410 kcal

FÜR 4 PERSONEN:

400 g Kichererbsenmehl
6 EL Öl
1 TL Ajwain (S. 13)
1 TL Chilipulver
1 TL Salz
1 TL Kreuzkümmel
1/2 TL Kurkuma (S. 13)
1 TL Garam Masala (S. 13)

1. Das Kichererbsenmehl in eine Schüssel geben. 3 EL Öl, Ajwain, Chilipulver und Salz dazugeben und mit wenig Wasser zu einem festen Teig verkneten.

2. Aus dem Kichererbsenteig beliebig große »Würstchen« formen.

3. In einem Topf 1 l Wasser zum Kochen bringen. Die Würstchen einlegen und darin 15 Min. bei mittlerer Hitze kochen lassen. Die Würstchen mit einem Schaumlöffel herausheben (das Kochwasser aufbewahren) und in Stücke schneiden.

4. Das übrige Öl in einer Pfanne erhitzen. Den Kreuzkümmel darin 1 Min. anrösten, Kurkuma, Garam Masala und die Wurststücke hinzufügen und 1–2 Min. braten. Mit dem Kochwasser ablöschen und noch 2–3 Min. kochen lassen.

GARNIEREN: Mit frischen Korianderblättern bestreuen.

GETRÄNK: Lassi (Seite 153)

Salate, Dips und Chutneys

Erfrischende und würzige Beilagen

Joghurt mit frittierten Perlen ist schon seit Kindertagen meine Lieblingsspeise – frisch und knusprig zugleich, einfach herrlich!

Joghurt mit frittierten Perlen

BUNDI RAITA

FÜR GEÜBTE
ERFRISCHEND
AUS NORDINDIEN

ZUBEREITUNG: 30 Min.
KÜHLZEIT: 30 Min.
PRO PORTION CA.: 280 kcal

FÜR 4 PERSONEN:

200 g Kichererbsenmehl
$^1/_4$ TL Salz
Öl zum Frittieren
500 g Joghurt
1 $^1/_2$ TL Chat Masala (S. 13)

1. Das Kichererbsenmehl in einer Schüssel mit dem Salz und 3–4 EL Wasser zu einem dickflüssigen, glatten Teig verrühren.

2. In einer Pfanne mit hohem Rand 4 cm hoch Öl erhitzen. Den Teig durch eine Siebkelle so in das siedende Öl tropfen lassen, dass erbsengroße Kügelchen entstehen. In 1 knappen Min. goldbraun backen, dann herausnehmen.

3. Den Joghurt in einer Schüssel mit etwa $^1/_8$ l Wasser durchrühren, Chat Masala unterrühren und nach Belieben mit etwas Salz abschmecken.

4. Die gebackenen Kügelchen in die Joghurtmischung geben, gut durchrühren und für 30 Min. kalt stellen.

GARNIEREN: frische Korianderblätter

GETRÄNK: Sharbat (Seite 153)

INFO

Indischer Joghurt ist fettreich und cremig und hat einen frisch-säuerlichen Geschmack. Am besten ersetzen Sie ihn durch Vollmilch-Joghurt mit mindestens 3,5 % Fettgehalt.

1. Teig durch die Schaumkelle in das siedende Öl geben, sodass erbsengroße Kügelchen entstehen.

2. Die Kügelchen im Öl goldbraun frittieren und mit einem Schaumlöffel herausfischen.

3. Die frittierten Perlen unter den gewürzten Joghurt rühren und bis zum Servieren kalt stellen.

Diese *Raitas* sind unverzichtbare erfrischende Beilagen, die in Indien zu jeder Mahlzeit serviert werden.

FÜR ANFÄNGER
KNUSPRIG
KLASSIKER

ZUBEREITUNG: 40 Min.
KÜHLZEIT: 1 Std.
PRO PORTION CA.: 135 kcal

FÜR 4 PERSONEN:

200 g Okra (S. 15)
Öl zum Frittieren
500 g Joghurt
$^1/_2$ TL Salz
$^1/_2$ TL Chilipulver
1 TL Mangopulver (S. 13)

Joghurt mit Okra

BHINDI RAITA

1. Die Okraschoten waschen und mit Küchenpapier abtrocknen. Jeweils die Spitze und das Ende abschneiden, die Schoten in Streifen schneiden.

2. In einer Pfanne mit hohem Rand 3 cm hoch Öl stark erhitzen. Die Okra hineingeben und darin in etwa 3 Min. knusprig ausbacken. Mit einem Schaumlöffel herausnehmen und auf Küchenpapier abtropfen lassen.

3. Den Joghurt in einer Schüssel mit etwa $^1/_8$ l Wasser glatt rühren. Salz, Chili- und Mangopulver untermischen und für 1 Std. in den Kühlschrank stellen.

4. Unmittelbar vor dem Servieren die knusprigen Okrastücke auf dem Joghurt verteilen.

GETRÄNK: Pfefferminzwasser (Seite 153)

VARIANTE: Statt der Okra können Sie auch Yams (Seite 161) schälen, in feine Streifen schneiden, frittieren und abgekühlt unter den gewürzten Joghurt rühren.

FÜR ANFÄNGER
KALORIENARM
KLASSIKER

ZUBEREITUNG: 15 Min.
PRO PORTION CA.: 50 kcal

FÜR 4 PERSONEN:

200 g Spinat
500 g Magerjoghurt
1 TL Kreuzkümmel
$^1/_4$ TL Chilipulver
$^1/_2$ TL Salz

Joghurt mit Spinat

PALAK RAITA

1. Den Spinat gründlich waschen, in einem Sieb abtropfen lassen und fein schneiden. Etwa 10 Min. in einem Topf mit wenig Wasser kochen. Durch ein Sieb abgießen und abkühlen lassen.

2. In einer Schüssel den Joghurt mit $^1/_8$ l Wasser glatt verrühren.

3. Den Kreuzkümmel in einer Pfanne bei mittlerer Hitze 1 Min. trocken rösten, dann im Mörser grob zerstoßen. Den gerösteten Kreuzkümmel mit dem Chilipulver und dem Salz zum Joghurt geben und unterrühren.

4. Zum Schluss den Spinat zum Joghurt geben und vorsichtig unterheben.

GARNIEREN: Mit Chat Masala bestreuen.

GETRÄNK: Sharbat (Seite 153)

TIPP!

Schmeckt herrlich an lauen Sommerabenden zu Biryani (Seite 49).

Gebackene Linsenringe sind ein aus Südindien stammendes Gericht, das entweder mit Sauren Linsen (Seite 118) oder wie hier mit Joghurt gereicht wird.

FÜR GEÜBTE
ERFRISCHEND
FÜR GÄSTE

ZUBEREITUNG: 45 Min.
EINWEICHZEIT: 12 Std.
PRO PORTION CA.: 410 kcal

FÜR 4 PERSONEN:

300 g Urad-Linsen
2 grüne Chilischoten
50 g frischer Ingwer
1/2 TL Salz
Öl zum Frittieren
500 g Joghurt
1 TL Chat Masala (S. 13)
1 TL gerösteter Kreuzkümmel (siehe Tipp)
1/2 TL Chilipulver
etwas Öl für die Hände

Gebackene Linsenringe in Joghurt

DAHI BHALE

1. Die Linsen gründlich waschen und in eine Schüssel geben. Mit der doppelten Menge Wasser bedeckt 12 Std. einweichen.

2. Die eingeweichten Linsen durch ein Sieb abgießen. Die Chilischoten waschen und in Stücke schneiden. Den Ingwer schälen, fein reiben und beiseite stellen. Linsen, Chilis und Salz in den Mixer geben und fein pürieren.

3. In einer Pfanne mit hohem Rand 3 cm hoch Öl auf mittlere Hitze erwärmen. Die Hände mit etwas Öl einreiben, damit die Linsenmasse nicht an den Fingern klebt. Jeweils 1 EL Linsenmasse abnehmen und in der Hand flach zerdrücken. Mit einem Finger in der Mitte ein Loch einstechen, sodass ein Ring entsteht. Die Linsenringe im heißen Öl 2–3 Min. von beiden Seiten goldbraun frittieren. Mit einem Schaumlöffel herausheben.

4. Den Joghurt mit etwa 1/8 l Wasser in einer Schüssel glatt rühren. Die gebackenen Linsenringe hineintauchen, in einen tiefen Teller legen und den restlichen Joghurt darüber gießen.

5. Auf der Oberfläche mit Chat Masala, Kreuzkümmel, Chilipulver und Ingwer ein hübsches Muster, z. B. Blüten oder Kreise aufstreuen. Schmeckt fabelhaft mit Tamarindenchutney (Seite 138).

GETRÄNKE: Wasser

TIPP!

Gerösteter Kreuzkümmel findet oft Verwendung in der indischen Küche. Sie können ihn gut auf Vorrat trocken in einer Pfanne rösten, im Mörser grob zerstoßen und in einem sauberen Schraubglas aufbewahren.

Frisch frittiert und noch warm schmecken die Teigringe am besten.

Frische Salate sind in Indien sehr beliebt, man würzt sie nicht mit Essig und Öl, sondern mit Zitronensaft und *Chat Masala*.

FÜR ANFÄNGER
ERFRISCHEND
SCHNELL

ZUBEREITUNG: 20 Min.
KÜHLZEIT: 1 Std.
PRO PORTION CA.: 145 kcal

FÜR 4 PERSONEN:

- 1 Zwiebel
- 2 Tomaten
- 1 Salatgurke
- 1 rote Paprikaschote
- 1 kleine Dose Mais (185 g Abtropfgewicht)
- 3 EL Zitronensaft
- 1 EL Chat Masala (S. 13)
- 1/2 TL Salz

Gemischter Salat

CACHUMBER SALAD

1. Die Zwiebel schälen und in Ringe schneiden. Die Tomaten waschen und in Würfel schneiden, die Stielansätze dabei entfernen. Die Salatgurke nach Belieben waschen oder schälen und ebenfalls in Würfel schneiden.

2. Die Paprikaschote putzen, waschen und würfeln. Den Mais in ein Sieb geben und mit kaltem Wasser abbrausen.

3. Alle Zutaten in eine Schüssel geben und mit dem Zitronensaft, Chat Masala und Salz würzen. Vorsichtig durchmischen. Für 1 Std. in den Kühlschrank stellen.

GETRÄNK: Limonade (Seite 153)

VARIANTE: Sie können dem Salat noch 2–3 EL Joghurt untermischen.

TIPP!
Dazu passt jede Art von Brot, nicht nur indisches.

FÜR ANFÄNGER
EXOTISCH
FÜR GÄSTE

ZUBEREITUNG: 30 Min.
PRO PORTION CA.: 35 kcal

FÜR 8 PERSONEN:

- 1 Eisbergsalat
- 1 Salatgurke
- 2 Tomaten
- 1/2 Kopf Weißkohl
- 1 Bund Radieschen
- 2 Möhren
- 1 1/2 TL Chat Masala (S. 13)
- Salz
- 3 EL Zitronensaft

Königssalat

MAHARAJHA SALAD

1. Den Eisbergsalat waschen und die Blätter etwas zerpflücken. Gurke und Tomaten waschen und in Scheiben schneiden.

2. Den Weißkohl waschen und sehr fein schneiden oder raspeln. Die Radieschen und die Möhren putzen, waschen und in Scheiben schneiden.

3. Auf einer großen Platte zuerst die Salatblätter verteilen. Gurken, Tomaten, Weißkohl, Radieschen und Möhren darauf zu einem hübschen (Blumen-)Muster arrangieren.

4. Chat Masala und Salz darüber streuen, den Zitronensaft gleichmäßig darüber träufeln und sofort servieren.

GETRÄNK: Lassi (Seite 153)

TIPP!
Aus dem restlichen Weißkohl können Sie z. B. den Gebratenen Weißkohl von Seite 112 zubereiten.

Der Fruchtjoghurt wird in Indien nicht nur als erfrischender Snack für Zwischendurch, sondern gerne auch – wie die anderen *Raitas* von Seite 127 und 128 – als Beilage zum Menü serviert.

FÜR ANFÄNGER
PIKANT
KLASSIKER

ZUBEREITUNG: 15 Min.
PRO PORTION CA.: 25 kcal

FÜR 4 PERSONEN:

2 große Zwiebeln
Salz
1 EL Pfefferminzchutney (S. 138)
1 TL Chat Masala (S. 13)
3–4 EL Zitronensaft

Zwiebelsalat

PIYAZ KI SALAD

1. Die Zwiebeln schälen und in feine Ringe schneiden. Mit 1 Prise Salz in reichlich Wasser geben und 5 Min. einweichen. Dadurch verlieren die rohen Zwiebeln einen Teil ihrer Schärfe und werden sehr viel bekömmlicher.

2. Die Zwiebelringe durch ein Sieb abgießen. Mit dem Pfefferminzchutney, Chat Masala und Zitronensaft in eine Schüssel geben und gut durchmischen.

GETRÄNK: Bier

TIPP!
Der Zwiebelsalat passt gut zu Fleischgerichten.

FÜR ANFÄNGER
ERFRISCHEND
KLASSIKER

ZUBEREITUNG: 30 Min.
KÜHLZEIT: 1 Std.
PRO PORTION CA.: 170 kcal

FÜR 4 PERSONEN:

1 Granatapfel (S. 15)
1 Mango (S. 15)
1 Apfel
1 Orange
500 g Joghurt
1 TL Chat Masala (S. 13)
1 EL Zitronensaft
Salz

Fruchtjoghurt

PHALOUN KA RAITA

1. Den Granatapfel quer halbieren und die Kerne herauslösen. Die Mango schälen, das Fruchtfleisch vom Stein schneiden und in etwa 1 cm große Würfel schneiden.

2. Den Apfel schälen, das Kerngehäuse entfernen und ebenfalls würfeln. Die Orange so schälen, dass auch die bittere weiße Haut entfernt ist. Die Orange in kleine Stücke schneiden und, falls vorhanden, die Kerne entfernen.

3. Den Joghurt in einer Schüssel glatt rühren und mit Chat Masala, Zitronensaft und nach Belieben etwas Salz würzen.

4. Die Früchte hinzufügen und unter den Joghurt rühren. Vor dem Servieren für 1 Std. in den Kühlschrank stellen.

GARNIEREN: Behalten Sie einige Granatapfelkerne zurück und streuen sie auf den fertigen Fruchtjoghurt.

VARIANTE: Sie können alle Früchte verwenden, die Sie gerne essen.

TIPP!
Im Sommer als kühle Hauptspeise geeignet oder als Snack zwischendurch.

Hier zwei Klassiker unter den Chutneys, die in Indien gerne zu frittierten Vorspeisen oder gegrilltem Fleisch serviert werden und deren Geschmack auf raffinierte Weise ergänzen.

FÜR ANFÄNGER
ERFRISCHEND
KLASSIKER

ZUBEREITUNG: CA. 10 Min.
PRO PORTION CA.: 25 kcal

FÜR 8 PERSONEN (ETWA 300 G):

- 250 g Joghurt
- 1/2 TL Chilipulver
- 1 TL Mangopulver (S. 13)
- 1 TL gemahlene Granatapfelkerne
- 1 TL Chat Masala (S. 13)
- 2 TL Puderzucker
- Salz

Joghurtchutney

DAHI KI CHUTNEY

1. Den Joghurt in eine Schüssel geben und mit 2–3 EL Wasser glatt rühren.

2. Das Chilipulver, das Mangopulver, das Granatapfelpulver und das Chat Masala dazugeben und gut durchrühren. Mit dem Puderzucker und dem Salz abschmecken.

GARNIEREN: Das Joghurtchutney in ein Schüsselchen füllen und 1 Prise Chat Masala darüber streuen.

TIPP!
Das Joghurtchutney ist superschnell gemacht und passt gut zu Vorspeisen und Gegrilltem.

FÜR GEÜBTE
PIKANT
KLASSIKER

ZUBEREITUNG: 30 Min.
PRO PORTION CA.: 195 kcal

FÜR 8 PERSONEN (ETWA 400 G):

- 2 Äpfel
- 50 g getrocknete Pfirsiche
- 50 g getrocknete Aprikosen
- 50 g frischer Ingwer
- 50 g Rosinen
- 250 g brauner Rohrzucker (ersatzweise weißer Zucker)
- 1/2 TL Chilipulver
- Salz

Fruchtchutney

PHALON KI CHUTNEY

1. Die Äpfel schälen, die Kerngehäuse entfernen und in kleine Stückchen schneiden. Die getrockneten Pfirsiche und Aprikosen klein würfeln. Den Ingwer schälen und fein reiben.

2. Äpfelstückchen, getrocknete Pfirsiche und Aprikosen, Ingwer und Rosinen mit dem Zucker, dem Chilipulver, etwas Salz und 50 ml Wasser in einen Topf geben und bei mittlerer Hitze 30 Min. kochen lassen, bis das Chutney eine etwas dickere Konsistenz bekommt.

3. Den Topf vom Herd nehmen und das Fruchtchutney abkühlen lassen.

TIPP!
Im Kühlschrank hält sich das Fruchtchutney 2–3 Monate, deshalb können Sie auch gleich eine größere Menge einkochen. Das heiße Chutney randvoll in saubere Twist-off-Gläser füllen, sofort verschließen und für 10 Min. auf den Kopf stellen.

Diese beiden Chutneys sind in Indien äußerst beliebte Beilagen und werden zu vielen Gerichten serviert.

FÜR ANFÄNGER
EXOTISCH
KLASSIKER

ZUBEREITUNG: 15 Min.
PRO PORTION CA.: 15 kcal

FÜR 8 PERSONEN (ETWA 300 G):

100 g frische Pfefferminze
100 g Koriandergrün
2 grüne Chilischoten
1 EL gemahlene Granatapfelkerne
2 EL Zitronensaft
1 EL Mangopulver (S. 13)
Salz

Pfefferminzchutney

HARI CHUTNEY

1. Die Pfefferminz- und Korianderblätter von den Stielen zupfen und waschen. In ein Sieb geben und gut abtropfen lassen.

2. Die Chilischoten waschen, die Stielansätze entfernen und grob zerkleinern.

3. Die Kräuterblätter und die Chilis mit den Granatapfelkernen, dem Zitronensaft, dem Mangopulver und 1 Prise Salz in den Mixer geben und zu einer feine Paste pürieren. Zum Servieren in ein Schälchen geben.

TIPP!

Das Pfefferminzchutney schmeckt übrigens auch lecker als Dip für Papadam (Seite 44) oder Kräcker.

FÜR GEÜBTE
SÜSSSAUER
AUS PUNJAB

ZUBEREITUNG: 20 Min.
PRO PORTION CA.: 140 kcal

FÜR 8 PERSONEN (ETWA 300 G):

1 TL Ghee (S. 19; ersatzweise Butterschmalz)
200 g Tamarindenmus (S. 11; aus dem Glas)
1 TL gemahlener Kreuzkümmel
150 g Rohrzucker
1/2 TL Chilipulver
Salz
100 g Rosinen

Tamarindenchutney

IMLI KI CHUTNEY

1. Das Ghee in einem Topf erhitzen und das Tamarindenmus darin 1 Min. unter Rühren erwärmen.

2. Kreuzkümmel, Zucker und Chilipulver hinzufügen und mit etwas Salz abschmecken. Etwa 2 Min. bei mittlerer Hitze kochen lassen, bis sich der Zucker vollständig aufgelöst hat.

3. Die Rosinen in kaltem Wasser waschen und unter das Chutney mischen. Bei schwacher Hitze noch 2 Min. kochen lassen, dann abkühlen lassen und bis zum Servieren kalt stellen.

VARIANTE: Statt der Rosinen können Sie auch eine in kleine Stücke geschnittene Banane untermischen.

TIPP!

Da das Tamarindenchutney im Kühlschrank etwa 6 Monate hält, können sie gleich eine größere Menge zubereiten und in Twist-off-Gläser füllen (siehe Fruchtchutney, Seite 136).

In der Brotfabrik: Die frisch gebackenen Brote müssen auskühlen.

Desserts

Süße Träume zum Abschluss des Menüs

Kein indisches Essen ohne süßen Abschluss: Etwas Platz im Magen für eines dieser Desserts muss einfach noch sein.

FÜR ANFÄNGER
ERFRISCHEND
AUS NORDINDIEN

ZUBEREITUNG: 20 Min.
BEI 6 PORTIONEN PRO PORTION CA.: 150 kcal

FÜR 4–6 PERSONEN:

300 g Joghurt

300 g Mangopulp (S. 160; aus der Dose)

1 kleine Dose Ananasstücke (225 g Abtropfgewicht)

1 Apfel

1 reife Mango (ersatzweise Dose Mangoscheiben, 250 g)

2 EL grob geriebene Nüsse (siehe Tipp)

Mangodessert

AAM KI MITHAI

1. Joghurt und Mangopulp zusammen in eine große Schüssel geben und mit einem Schneebesen glatt verrühren.

2. Die Ananas in ein Sieb abgießen und abtropfen lassen. Den Apfel schälen, das Kerngehäuse entfernen und in kleine Würfel schneiden. Die Ananasstücke und die Apfelwürfelchen unter den Mango-Joghurt mischen.

3. Die Mango schälen, das Fruchtfleisch vom Kern schneiden, in etwa 1 cm große Würfel schneiden und ebenfalls untermischen. Die geriebenen Nüsse unterziehen und in eine Schüssel füllen.

GARNIEREN: Ein Stück Mango in Streifen schneiden, das Dessert damit garnieren und mit gehackten Pistazien bestreuen.

TIPP!
Am besten schmeckt das Mangodessert mit einer Mischung aus geriebenen Haselnüssen, Walnüssen und Cashewkernen.

FÜR ANFÄNGER
NUSSIG
KLASSIKER

ZUBEREITUNG: 40 Min.
PRO PORTION CA.: 285 kcal

FÜR 4 PERSONEN:

100 g Milchreis

$^1/_2$ l Milch

10 Pistazien

10 Mandeln

10 Cashewkerne

3 grüne Kardamomkörner (S. 11)

4 EL Zucker

$^1/_2$ TL gemahlener schwarzer Kardamom zum Garnieren (S. 11)

Milchreis mit Nüssen

KHEER

1. Den Reis in ein Sieb geben und kurz waschen. Die Milch in einem Topf zum Kochen bringen. Den Reis hinzufügen und bei schwacher Hitze in etwa 30 Min. ausquellen lassen. Gelegentlich umrühren.

2. Die Pistazien, die Mandeln und die Cashewkerne fein hacken und zusammen mit dem grünen Kardamom dem Milchreis hinzufügen und unterrühren.

3. Anschließend den Topf vom Herd nehmen und den Milchreis mit Zucker und dem gemahlenen schwarzen Kardamom verfeinern.

TIPP!
Der Milchreis mit Nüssen ist auch bei Kindern sehr beliebt. Sie können ihn warm oder leicht abgekühlt servieren.

In Indien dürfen bei fröhlichen Anlässen und Festen diese beiden Dessertklassiker auf keinen Fall fehlen.

FÜR GEÜBTE
NUSSIG
KLASSIKER

ZUBEREITUNG: 25 Min.
BEI 6 PORTIONEN PRO PORTION CA.: 485 kcal

FÜR 4–6 PERSONEN:

100 g Ghee (S. 19; ersatzweise Butterschmalz)
200 g Grieß (grob)
200 g Zucker
15 Mandeln
100 g Rosinen

Grieß-Mandel-Dessert

SUJI KA HALWA

1. Das Ghee in einer Pfanne erhitzen. Den Grieß hinzufügen und bei mittlerer Hitze darin in 3–5 Min. unter ständigem Rühren goldbraun braten.

2. Inzwischen den Zucker mit 400 ml Wasser mischen und darin auflösen. Die Mandeln grob hacken.

3. Dem goldbraunen Grieß die Mandeln und Rosinen hinzufügen und das Zuckerwasser darüber gießen. Vorsicht, es kocht brodelnd auf und kann spritzen!

4. Die Pfanne vom Herd nehmen und das Dessert sofort heiß servieren.

TIPP!
Ob der Grieß bereits geröstet ist, erkennen Sie am würzigen Duft.

FÜR ANFÄNGER
CREMIG
FÜR FESTE

ZUBEREITUNG: 40 Min.
PRO PORTION CA.: 545 kcal

FÜR 4 PERSONEN:

1 l Milch
2 Scheiben Toastbrot
400 g Paneer (S. 18/19)
50 g geriebene Kokosnuss (siehe Variante)
4 EL Zucker
1 EL Butter für die Form
3 EL gehackte Mandeln
3 EL gehackte Pistazien
3 Blätter *Varak* (siehe Info) zum Garnieren

Frischkäse mit Nüssen

BURFI

1. Die Milch in einem Topf erhitzen. Inzwischen von den Toastscheiben die Ränder entfernen, dann in kleine Stücke schneiden und zur Milch geben. Bei schwacher Hitze unter regelmäßigem Rühren in etwa 20 Min. auf die halbe Flüssigkeitsmenge einköcheln lassen.

2. Das Paneer reiben und zusammen mit der geriebenen Kokosnuss und dem Zucker hinzufügen. Etwa 10 Min. weiterkochen lassen, bis die Masse dick wird.

3. Eine Form oder einen tiefen Teller einfetten und die Milchspeise hineingeben.

4. Die gehackten Mandeln und Pistazien darauf streuen und mit dem *Varak* garnieren. Das Dessert für etwa eine Stunde in den Kühlschrank stellen, bis es fest ist. Zum Servieren in Portionsstücke schneiden.

VARIANTE: Wenn Sie die Kokosnuss nicht frisch reiben wollen, so können Sie auch Kokosraspel verwenden.

INFO
Varak ist hauchdünne Silberfolie, die bei besonderen Anlässen zum Garnieren der Speisen verwendet wird. Sie bekommen sie im Asienladen.

In Indien ist farbenfrohes, süßes Konfekt sehr beliebt und wird gerne zu Festen verschenkt. Das Mandelkonfekt *Barfi* gibt es beispielsweise in vielerlei Farben und Formen.

FÜR ANFÄNGER
SÜSS
KLASSIKER

ZUBEREITUNG: 10 Min.
PRO PORTION CA.: 730 kcal

FÜR 4 PERSONEN:

1 EL Ghee (S. 19; ersatzweise Butterschmalz)
Je 100 g Cashewkerne, Walnüsse und Mandelstifte
100 g Rosinen
1/4 TL Chilipulver
2 EL Honig
100 g Kokosraspel
Salz

Nussmischung

BADAM NARIAL KA MILAP

1. Das Ghee in einer Pfanne erhitzen. Die Cashewkerne und die Walnüsse grob hacken. Mit den Mandelstiften in das Ghee geben und darin 2–3 Min. bei mittlerer Hitze braten.

2. Die Rosinen, das Chilipulver und den Honig hinzufügen, gut durchrühren und alles in etwa 2 Min. goldbraun rösten.

3. Die Kokosraspeln auf die Nussmischung streuen und mit 1 Prise Salz abschmecken. Am besten gleich warm servieren.

VARIANTEN: Sie können für die würzige Nussmischung alle Nüsse verwenden, die Sie gerne essen. Wer keine Rosinen mag, kann sie auch weglassen.

FÜR ANFÄNGER
SEHR SÜSS
FÜR FESTE

ZUBEREITUNG: 20 Min.
PRO PORTION CA.: 900 kcal

FÜR 4 PERSONEN:

400 g geriebene Mandeln
300 g Zucker
1 TL grünes Kardamompulver (S. 11)
Butter zum Bestreichen
2 Blätter *Varak* (siehe S. 144, Info)

Mandelkonfekt

BADAM KI BARFI

1. Eine Pfanne erhitzen. Die Mandeln und den Zucker hineingeben und zusammen etwa 2 Min. bei mittlerer Hitze rösten, bis ein dickflüssiger Brei entsteht.

2. Das Kardamompulver hinzufügen und gut untermischen. Einen Teller mit Butter bestreichen und die Mandelmasse darauf gleichmäßig verteilen.

3. Die Silberblätter darauf legen und 10 Min. ruhen lassen. Wenn die Masse fest geworden ist, in Stücke schneiden.

INFO

In Indien wird das Mandelkonfekt aus gehäuteten, geriebenen Mandeln hergestellt und mit Speisefarben in vielen Farben eingefärbt. Es wird in Dreiecke oder Vierecke geschnitten oder zu Röllchen geformt angeboten.

Mit diesen Modeln werden Süßigkeiten in Form gebracht.

Diese beiden Süßspeisen liebt man ganz besonders in Nordindien. Sie runden dort traditionell ein gelungenes Festmahl ab.

FÜR GEÜBTE
SAFTIG
FÜR GÄSTE

ZUBEREITUNG: 40 Min.
PRO PORTION CA.: 485 kcal

FÜR 4 PERSONEN:

4 Scheiben Toastbrot
Öl zum Frittieren
400 ml Milch
200 g Zucker
$^{1}/_{4}$ TL Safranfäden
$^{1}/_{2}$ TL Kardamom (S. 11)
50 g Cashewkerne
50 g Pistazien

Süßer Toast

SHAHI TUKRA

1. Die Toastscheiben diagonal halbieren. In einer Pfanne 2 cm hoch Öl erhitzen und die halbierten Toastscheiben darin in 1 knappen Min. goldbraun frittieren. Die frittierten Toastecken in eine große flache Schale legen.

2. Die Milch mit dem Zucker, Safran und Kardamom in einem Topf verrühren und 30 Min. unter regelmäßigem Rühren bei schwacher Hitze köcheln lassen, bis die Milch etwas andickt. Den Topf vom Herd nehmen.

3. Die Cashewkerne und die Pistazien grob hacken. Die zubereitete Milch über die Toastecken gießen und die Cashewkerne und Pistazien darüber streuen.

VARIANTE: Wer mag, gibt noch kleine Ananasstückchen über die süßen Toasts.

FÜR ANFÄNGER
BELIEBT
AUS NORDINDIEN

ZUBEREITUNG: 25 Min.
BEI 6 PORTIONEN PRO PORTION CA.: 355 kcal

FÜR 4–6 PERSONEN:

400 ml Milch
200 g Vermicelli (Fadennudeln aus Weizenmehl)
150 g Zucker
$^{1}/_{2}$ TL grünes Kardamompulver (S. 11)
50 g Cashewkerne
50 g Mandeln

Süße Vermicelli

MITHI SEWIAN

1. Die Milch in einem Topf zum Kochen bringen. Die Vermicelli etwas zerdrücken, zur Milch geben und unterrühren. Etwa 20 Min. bei schwacher Hitze kochen lassen, dabei gelegentlich umrühren.

2. Den Zucker und das Kardamompulver hinzufügen und sorgfältig unterrühren.

3. Die Cashewkerne und die Mandeln grob hacken und unter die süßen Vermicelli heben. Das Dessert in Schälchen füllen und gleich warm oder leicht abgekühlt servieren.

TIPP!

Wenn Sie 1 EL Milchpulver unter die Milch rühren, dickt die Masse schneller an und braucht nur 10 Min. zu kochen.

Zum Schluss haben Sie die Wahl zwischen einem kalorienarmen Obstsalat und einem feinen Pudding, der zugegebenermaßen etwas üppiger ist, dem aber so leicht niemand widersteht!

FÜR ANFÄNGER
ERFRISCHEND
KLASSIKER

ZUBEREITUNG: 20 Min.
PRO PORTION CA.: 115 kcal

FÜR 4 PERSONEN:

je 1 Apfel, 1 Birne und 1 Banane
100 g Ananasstücke (aus der Dose)
100 g Mandarinen (aus der Dose)
3 EL Zitronensaft
2 EL Puderzucker
1/2 TL Chat Masala (S. 13)

Obstsalat

PHALON KI CHAT

1. Den Apfel und die Birne schälen, die Kerngehäuse entfernen und in etwa 2 cm große Stücke schneiden. Die Banane schälen und in dünne Scheiben schneiden.

2. Die Dosenfrüchte in einem Sieb abtropfen lassen. Alle Früchte in eine große Schüssel geben und mischen.

3. Den Zitronensaft, Puderzucker und das Chat Masala dazugeben und vorsichtig mit den Früchten mischen.

GARNIEREN: mit Granatapfelkernen

TIPP!

Natürlich können Sie für den Obstsalat all Ihre Lieblingsfrüchte verwenden und dem Ganzen mit Zitronensaft und *Chat Masala* die typisch indische Würze verleihen.

FÜR GEÜBTE
CREMIG
AUS NORDINDIEN

ZUBEREITUNG: 1 Std.
PRO PORTION CA.: 490 kcal

FÜR 4 PERSONEN:

1 kg Möhren
je 15 Pistazien, Cashewkerne und Mandeln
1 l Milch
4 grüne Kardamomkapseln (S. 11)
4–5 EL Zucker
3 EL Ghee (S. 19; ersatzweise Butterschmalz)

Möhrenpudding

GADJAR KA HALWA

1. Die Möhren waschen, schälen und raspeln. Die Pistazien, Cashewkerne und Mandeln grob hacken.

2. Die Möhrenraspel mit der Milch, den gehackten Nüssen und den Kardamomkapseln in einen beschichteten Topf geben und etwa 10 Min. bei schwacher Hitze kochen lassen, bis die Möhren weich sind und das Dessert leicht sämig wird.

3. Den Zucker zum Möhrenpudding geben und sorgfältig unterrühren.

4. Das Ghee in einer Pfanne erhitzen. Den Möhrenpudding hineingießen und darin etwa 10 Min. bei mittlerer Hitze rösten.

5. Den Möhrenpudding in Schälchen füllen und am besten gleich heiß servieren.

GARNIEREN: mit Silberblättern (Varak) oder gehackten Nüssen

Weich in Stroh gebettet, werden hier frische Mangos angeboten.

Erfrischend und lecker: (v. l.) Pfefferminzwasser, Mango-Lassi und Sharbat, die indische Limonade

GEWÜRZTEE

Für indischen Gewürztee wird Schwarztee mit Milch und Zucker zubereitet und mit Kardamom, Anis und Ingwer aromatisiert. Er hat eine leicht belebende Wirkung und schmeckt einfach köstlich.

Getränke – kühlend und durststillend

In Indien betrachtet man Wasser als Grundelement des Lebens, einem Inder reicht daher in der Regel ein einfaches Glas Wasser zum Essen. Alkohol wurde früher als unpassend empfunden, weil der Geschmack alkoholischer Getränke den der Speisen verändert und – nach Meinung der Inder – beeinträchtigt. Im Laufe der Jahre (auch durch den westlichen Einfluss) hat man diese strenge Ansicht abgelegt – ein kühles Bier ist nun genauso willkommen wie auch etwas härtere Getränke wie Whisky.

Der Tee – das Nationalgetränk Nr. 1

Einen besonderen Stellenwert genießt der indische Tee! Die einen bevorzugen ihren Tee süß, andere ohne Zucker, manche nehmen – nach englischem Vorbild – Milch dazu. Eine Besonderheit ist der klassische indische Gewürztee (siehe nächste Seite).

Indischer Gewürztee (MASALE WALI CHAI)

Für 4 Personen $1/2$ l Wasser mit 3 grünen Kardamomkapseln, $1/2$ TL Anissamen und 10 g frischem Ingwer zum Kochen bringen. 4 TL schwarzen Tee (Assam oder Ceylon) hinzufügen und das Ganze 1 Min. kochen lassen. $1/8$ l Vollmilch und 4 TL Zucker hinzufügen, unterrühren und den Topf vom Herd nehmen. Die Mischung zugedeckt 2 Min. ziehen lassen, dann durch ein feines Sieb in Tassen gießen und sofort servieren. Der Gewürztee belebt auf sanfte Weise.

Joghurt-Drinks und selbst gemachte Limonaden

Joghurtgetränke passen ausgezeichnet zu indischem Essen, denn sie sind erfrischend und kühlend, mildern die Schärfe der Gerichte und sind geschmacklich neutral genug, um sich nicht in den Vordergrund zu drängen. Aber natürlich können Sie die Lassis auch einfach so als Erfrischungsgetränk genießen. Auch würzige Limonaden sind in Indien sehr beliebt zum Essen und gerade in der heißen Jahreszeit eine gute Alternative zu alkoholischen Getränken.

Joghurt-Drink (LASSI)

Für 4–6 Gläser 500 g Joghurt mit $1/2$ l Wasser, 1 TL Salz und 10 Eiswürfeln in einen Mixer füllen und 2–3 Min. kräftig durchmixen, bis das Lassi schön schaumig wird. In Gläser füllen und jeweils mit 1 Prise Chat Masala (siehe Seite 13) bestreut servieren. Für eine süße Variante ersetzen Sie das Salz durch 2 EL Zucker und dekorieren die Gläser mit frischen Minzeblättern.

Mango-Lassi (AAM WALI LASSI)

Für 6–8 Longdrink-Gläser 2 reife Mangos schälen, das Fruchtfleisch vom Kern schneiden und etwas zerkleinern. Mit 500 g Joghurt, 1 EL Rosenwasser (aus dem Asienladen), 2 EL Zucker und 10 Eiswürfeln in einen Mixer geben und 2 Min. kräftig durchmixen. $1/2$ l Wasser hinzufügen und 2 Min. weitermixen, bis das Mango-Lassi schaumig wird. In Gläser füllen und sofort servieren.

Pfefferminzwasser (PUDINE WALA PANI)

Für 4–6 Gläser 100 g frische Pfefferminzblätter waschen und gut abtropfen lassen. Die Blätter fein hacken und mit 900 ml Wasser, 1 TL Anissamen, 300 g Zucker und $1/4$ TL gemahlenem Zimt in einen Topf geben und zum Kochen bringen. Anschließend das Pfefferminzwasser durch ein feines Sieb in eine Kanne abgießen und nach Belieben 1 Prise grüne Speisefarbe untermischen. Abkühlen lassen und für etwa 1 Std. in den Kühlschrank stellen, bis das Pfefferminzwasser eiskalt ist. Besonders hübsch sieht es aus, wenn Sie das Pfefferminzwasser in Longdrink-Gläsern mit Zuckerrand servieren: Geben Sie dazu 2 EL Pfefferminzwasser auf einen kleinen Teller und 1 EL Zucker auf einen zweiten Teller. Tauchen Sie den Glasrand erst in das Pfefferminzwasser, dann in den Zucker. Geben Sie in jedes Glas 2–3 Eiswürfel, füllen das Pfefferminzwasser ein und garnieren es mit 1 Scheibe Zitrone.

Indische Limonade (SHARBAT)

Für 6–8 Gläser 300 g Zucker mit 800 ml Wasser, 1 Zimtstange, 5 Gewürznelken und 5 grünen Kardamomkapseln in einen Topf geben, zum Kochen bringen und 10 Min. bei mittlerer Hitze kochen lassen. Den Topf vom Herd nehmen, 1 EL Rosenwasser und 2 EL Zitronensaft unterrühren und abkühlen lassen. Für etwa 1 Std. in den Kühlschrank stellen, bis die Limonade ganz kalt ist. Mit Eiswürfeln servieren und nach Belieben mit frischen Minzeblättern garnieren.

GRANATAPFEL-DRINK

Für 2 Gläser je $1/8$ l frisch gepressten Orangen- und Karottensaft und 16 cl frischen Granatapfelsaft vermischen und mit einer Prise Salz abschmecken. Der Drink gibt Energie für einen guten Start in den Tag, schmeckt aber auch als alkoholfreier Aperitif zu einem feinen Menü.

Indische Esskultur Tag für Tag

Im Alltag legt man in Indien keinen besonderen Wert auf Tischdekoration, die wunderbaren Farben und Aromen der Gerichte erfreuen Auge und Nase gleichermaßen.

1. Frische Nahrung für ein langes Leben
In der indischen Esskultur ist es Brauch, das Essen gemeinsam zu genießen. Wenn der Hausherr von der Arbeit nach Hause kommt, werden zuerst die Hände gewaschen. Es wird für jede Person ein Sitzpolster auf den Boden gelegt und ein großer Teller mit einer Schüssel und dazu ein Glas Wasser bereit gestellt. Nachdem sich alle hingesetzt haben, werden von der Hausfrau alle Speisen frisch und heiß serviert. Tiefgefrorene Fertiggerichte, Speisen aus der Dose etc. sind in der traditionellen indischen Küche tabu. Wir Inder lieben Süßes: Nach jedem Essen gibt es ein Dessert oder eine kleine Süßigkeit.

2. Gastfreundlichkeit
Die Engländer sagen: »Every time is tea time«, die Inder sagen: »Any time, anywhere you can eat«. Gastfreundlichkeit wird hier sehr groß geschrieben – wenn Sie bei einer indischen Familie zu Besuch sind, können Sie davon ausgehen, dass Sie, erst nachdem Sie gegessen haben, gehen »dürfen«. Und es wird immer darauf geachtet, dass jeder genug zu essen hat, d. h. für Nachschlag ist immer gesorgt. Selbst wenn danach die Bäuche schon voll sind, für ein süßes Dessert muss einfach noch Platz sein.

3. Das Wasser darf nicht fehlen
Zur Einleitung der Mahlzeit gibt es, wie schon erwähnt, ein Glas kaltes Wasser. Auf einem gut gedeckten Tisch sollten ebenso ein Krug Wasser und diverse Chutneys bereit stehen (das ist in indischen Restaurants nicht anders, egal ob sie einfach oder luxuriös sind). Wasser wird sowohl zu Hause als auch in Restaurants schon im Voraus auf den Tisch gestellt. Das Essen wird auf einer großen Thali (siehe Seite 17) mit 2–3 kleinen Schüsseln in großen Mengen serviert.

4. Zum Fingerlecken!
In indischen Haushalten ist Besteck eher unüblich, das Essen wird mit der Hand verzehrt, wobei man die rechte Hand benützt (die linke gilt als »unrein«, selbst wenn man sie vorher gewaschen hat). Man benutzt dazu indisches Brot, reißt ein Stück ab, nimmt damit etwas von dem Gericht auf und führt es zum Mund. Wie es genau gemacht wird, sehen Sie auf Seite 55. Die Inder glauben fest daran, dass man die Gerichte auf diese Weise am allerbesten genießen kann.

5. Gewürztraumland
Gewürze und Kräuter sind die Juwelen der indischen Küche. Sie verleihen nicht nur die gewünschte Würze, sondern machen die Speisen auch besser verdaulich, und sorgen für gute Gesundheit. Viele Gewürze haben heilende Kräfte und werden in der indischen Küche auch gezielt dazu eingesetzt. Geschmack ist dabei aber keineswegs Nebensache, die Auswahl und Menge bleibt jedem selbst überlassen. Ich versichere Ihnen, wenn Sie ein Gefühl für die Gewürze entwickelt haben, verstehen Sie sie bald so anzuwenden, dass sie jedem Gericht das gewisse Etwas verleihen.

Pickles & Chutneys gehören als Beilage zu jedem indischen Festessen.

Papadam (knusprige Linsenfladen, Seite 44) schmecken zum Aperitif.

Blumen, Bänder und dekorative Gläser und Gefäße zaubern exotisches Flair.

Glasgefäße mit Gewürzen und Teelichten sorgen für orientalische Beleuchtung.

Dekoration für Feste und Gäste

Neben der liebevollen Zubereitung der Speisen ist bei indischen Festen und feierlichen Anlässen auch die Tischdekoration von großer Bedeutung. Dabei vermischen und ergänzen sich westliche Tischkultur und asiatisches Flair auf harmonische Weise.

West-östliche Tischdekoration

Decken Sie den Tisch mit einem weißen Tischtuch ein, legen mittig einen terracottafarbenen Tischläufer aus Organza darauf und wählen farblich passende Stoffservietten. Für jedes Gedeck stellen Sie einen eleganten weißen Speiseteller und darauf einen Dessertteller auf, dazu Besteck und Longdrink-Gläser. Kerzenleuchter, wenn Sie haben aus Silber, mit terracottafarbenen Kerzen und farblich passende Blüten vervollständigen die elegante Tafel, bei der sich Westliches mit Asiatischem zu einer eleganten Einheit verbindet.

Wenn die Gäste kommen

Man begrüßt sie und bittet sie herein. Meistens werden kleine Geschenke wie Blumen oder Süßigkeiten, wie es auch hierzulande üblich ist, mitgebracht. Es wird ein Getränk/Aperitif angeboten und während sich die gesellige Runde unterhält, beginnt die Hausfrau mit der Zubereitung der Vorspeise, welche dann auch sofort serviert wird.

In der indischen Tischkultur herrscht sozusagen Selbstbedienung, die Gerichte werden nicht auf Portionstellern gereicht, sondern auf Platten und in Schüsseln auf den Tisch gestellt, dazu wird frisches Brot serviert, und jeder Gast nimmt so viel er möchte. Erst wenn alle versorgt sind, setzt sich auch die Gastgeberin zu Tisch und man unterhält sich weiter, während man gemeinsam die Gerichte genießt.

So feiern wir Partys

Die Vorbereitungen werden schon am Vortag getroffen und meistens helfen hier enge Freunde mit. Es wird immer ein großer Aufwand betrieben, da selten weniger als 30 Personen kommen. Pünktlichkeit wird bei indischen Feiern eher klein geschrieben. Vor und nach dem Essen (manchmal aber auch dazwischen) wird zu lauter Musik (meistens traditionell oder nationaler Pop) gefeiert und getanzt.

Das Essen wird als Buffet angerichtet und, was alles dazu benötigt wird, findet man auch dort (Besteck, Servietten, Chutneys, Brot, etc.). Um dem Tisch noch den fehlenden indischen Hauch zu verpassen, können Sie auf folgende Elemente zurückgreifen: Nehmen Sie indische Stoffservietten aus Naturbaumwolle, Sie geben dem Tisch ein angenehm sanftes Flair. Als Snack zum Aperitif servieren Sie Papadam, eventuell mit Chutneys zu Dippen. Kerzen – z. B. die indische Tischkerze *Diya* oder Teelichte in hübschen Gefäßen (siehe links) – verbreiten romantisches Licht.

Rangoli – Festmalerei mit Farbpulver und Blüten

Für die typisch indischen *Rangoli* werden Blütenblätter und Farbpulver zu dekorativen Mustern und Ornamenten arrangiert und so kleine Kunstwerke fürs Auge geschaffen. Wie es gemacht wird, sehen Sie rechts.

Rangoli, kunstvolle Ornamente aus Farbe und Blütenblättern auf der weißen Tischdecke, machen Ihren Tisch zur indischen Tafel. Servietten und Kerzen in warmen Farben ergänzen das elegante Erscheinungsbild.

Der Fantasie bei der Gestaltung der Rangoli sind keine Grenzen gesetzt. Vorlagen für typisch indische Muster lassen sich auch im Internet finden oder Tücher oder Geschirr dienen als Vorlage. Komplizierte Muster erfordern dann auch ein bisschen Zeit und Geduld. Damit das Bild auch in aller Ruhe gelingen kann, es am besten schon am Tag vor der Einladung fertigstellen.

1. Zeichnen Sie das Muster auf der Tischdecke vor. Bei einer guten Stofftischdecke am besten auswaschbare Schneiderkreide nehmen!

2. Farbigen Deko-Sand in Gefrierbeutel füllen, jeweils eine Ecke abschneiden und die vorgezeichneten Flächen damit ausfüllen.

3. Das Muster – hier eine stilisierte Blume – ganz nach Wunsch mit verschiedenfarbigen Blütenblättern belegen und dekorativ ergänzen.

MUSIK

Traditionelle indische Musik ist sehr entspannend. Leichte, klassische Musik sorgt für ein gemütliches Ambiente, wenn man beisammen sitzt. Gerne hört man dann die Sitar-Klänge von Ravi Shankar, die feine Sangeskunst von Lata Mangeshkar oder Jagjit Singh. Bei Hochzeitsfeiern sorgen volkstümliche Musik (vor allem aus dem Punjab) und natürlich indische und internationale Pop-Musik für Stimmung.

Menüvorschläge

Die durchschnittliche indische Familie speist relativ einfach, es werden ein oder zwei Gerichte zubereitet, dazu noch Reis, Chapati oder anderes Brot, ein Raita oder Salat. Für Gäste und zu feierlichen Anlässen aber wird umso reicher aufgetischt. In diesem Sinne möchte ich Ihnen folgende Menüs vorschlagen:

Menüs für 4–6 Gäste:

Vorschlag 1

Gefüllte Teigtaschen (37)

Vollkornbrot (40)

Champignonreis (52)

Joghurt mit Okra (128)

Huhn mit Koriander (60)

Grieß-Mandel-Dessert (144)

Vorschlag 2

Joghurt-Curry-Suppe (31)

Gebratenes Vollkornbrot (44)

Gewürzreis (49)

Maharani-Dal (116)

Gefüllter Blumenkohl (90)

Gewürztes Hackfleisch (59)

Gemischter Salat (132)

Mangodessert (142)

Vorschlag 3

Tandoori-Garnelen (26)

Gewürztes Brot (40)

Kreuzkümmelreis (46)

Trockene Linsen (118)

Buntes Gemüse (106)

Joghurt mit frittierten Perlen (127)

Obstsalat (150)

Menüs für Feste und Buffets für 8–10 Gäste:

Vorschlag 1

Papadam (44)

Marinierter Ingwerfisch (32)

Gefülltes Hefebrot (55)

Biryani (48)

Scharfes Lamm-Curry (64)

Seehecht in Tomatensauce (69)

Saure Kichererbsen (115)

Gefüllte Kartoffeln mit Pfefferminze (94)

Gebackene Linsenringe in Joghurt (130)

Nussmischung (146)

Vorschlag 2

Fruchtchutney (136)

Käsespießchen (28)

Frittiertes Hefebrot (43)

Bunter Gemüsereis (50)

Linsen mit Spinat (114)

Königshuhn (66)

Gebratene Garnelen (75)

Okra mit Knoblauch (103)

Brokkoli mit Spinat (110)

Joghurt mit frittierten Perlen (127)

Königssalat (132)

Süßer Toast (148)

Bezugsadressen & Literaturtipps

Die indische Küche ist bekannt für ihre Vielzahl an Gewürzen. Traditionsbewusste indische Hausfrauen bereiten auch heute noch ihre Gewürzmischungen selbst und nach eigener Rezeptur zu. Einige meiner Mischungen haben Sie auf Seite 13 kennen gelernt. Da die indische Küche heute weltweit bekannt und in fast jedermanns Munde ist, gibt es in Städten und Metropolen auf der ganzen Welt indische Läden, in denen Sie die notwendigen Zutaten und Gewürze für die Rezepte dieses Buches bekommen. Sollten Sie keine entsprechende Möglichkeit in Ihrer Nähe haben, dann versuchen Sie es über folgende Links im Internet:

http://www.tali.de/index.html

http://www.spicesandherbs.de

Ich habe mir Mühe gegeben, Ihnen in diesem Buch die indische Küche auf bestmögliche Weise näher zu bringen, möchte aber auch nicht versäumen, Ihnen jene Bücher zu empfehlen, die mich inspiriert haben:

Jiggs Kalra: *Daawat.* Allied Publishers Private Limited, 2001,

Balbir Singh: *Indian Cookery.* Book Wise N. Delhi, 1990,

Madhur Jaffrey: *A Taste Of India.* Pavilion Books Ltd., 2001

INTERESSANTE REISEBERICHTE ODER HINTERGRUNDWISSEN GIBT ES IN FOLGENDEN BÜCHERN:

Elmar Schenkel: *Ein Lächeln und zwei Fragezeichen.* Edition Isele, 2001

Vanamali Gunturu: *Hinduismus.* Diederichs, 2000

Stefan Klein: *Heilige Kühe und Computerchips, Indische Gegensätze.* Picus Verlag, 1999

IN GEDANKEN KÖNNEN SIE MIT FOLGENDEN ROMANEN NACH INDIEN REISEN:

Larry Collins, Dominique Lapierre: *Freedom At Midnight.* Harper Collins, 1998

Shauna Singh Baldwin: *Das geteilte Haus.* Btb bei Goldmann, 2002

Rohinton Mistry: *Das Gleichgewicht der Welt.* Fischer Taschenbuch, 2000

Edward M. Forster: *Auf der Suche nach Indien.* Fischer Taschenbuch, 2001

Hermann Hesse: *Siddhartha.* Suhrkamp, 2004

Rudyard Kiplin: *Kim.* Dtv, 1999

Glossar

In den Rezepten sind gelegentlich Zutaten enthalten, die weniger bekannt sind. Um Ihnen den Einkauf oder auch Ersetzen von Zutaten zu erleichtern, finden Sie hier eine Kurzbeschreibung.

Ajwain
Nach Thymian duftendes Gewürz, das für Gemüsegerichte und Brot verwendet wird.
(siehe Seite 13)

Bittergurke
Beliebtes indisches Gemüse, das aufgrund seiner Bitterstoffe eine verdauungsfördernde Wirkung hat.
(siehe Seite 15)

Bockshornklee
Blätter und Samen werden als Gewürz verwendet.
(siehe Seite 11)

Channa Dal
Gelbe Linsen
(siehe auch Dal)

Chat Masala
Frisch-säuerliche Würzmischung, die hauptsächlich für Dips und Salate verwendet wird.
(siehe Seite 11)

Chilischoten
Sie stammen ursprünglich aus Südamerika. Das Chilipulver, das aus getrockneten roten Schoten hergestellt wird, verleiht vielen indischen Gerichten ihre charakteristische Schärfe.

Curry
Sammelbegriff für indische Gerichte mit Gemüse, Fleisch, Fisch und Eiern, die in einer Sauce gegart werden.

Currypulver
Eine typisch indische Gewürzmischung, die immer wieder anders hergestellt wird und für die jede Familie ihre ganz eigenen Spezialrezepte hat.

Dal
Sammelbegriff für verschiedene Sorten von Hülsenfrüchten, die meist geschält und halbiert verkauft werden.

Garam Masala
Beliebte Würzmischung
(siehe Seite 13)

Gelbwurz
(siehe Kurkuma, Seite 13)

Gewürznelken
Getrocknete Blütenknospen des tropischen Nelkenstrauches. Man kann sie im Ganzen oder gemahlen kaufen.

Ghee
Butterschmalz. Es wird in der indischen Küche als Kochfett verwendet. Ihm werden in der Lehre des Ayurveda gesundheitsfördernde Eigenschaften zugeschrieben.
(siehe Seite 19)

Kardamom
Kapselförmiges Gewürz für Currys und Süßspeisen; man unterscheidet grünen und schwarzen Kardamom.
(siehe Seite 11)

Koriander
Vom Koriander werden sowohl die Samen, meist in gemahlener Form, als auch die frischen grünen Blätter gegessen. In Indien verwendet man die Korianderblätter so häufig, wie bei uns die Petersilie. Im getrockneten Zustand kann man den grünen Koriander auch unter dem Namen »Cilantro« kaufen.

Kreuzkümmel
Dieses Gewürz wird für sehr viele indische Gewürze verwendet. Der schwarze und der weiße Kreuzkümmel wirken verdauungsfördernd sowie appetitanregend.

Kurkuma
Leicht bitter schmeckendes Gewürz, das vielen Gerichten eine kräftig gelbe Farbe verleiht.
(siehe Seite 13)

Lotusstange
Wurzel der Lotusblume, einer asiatischen Wasserpflanze, die in Indien gerne als Gemüse zubereitet wird.

Mungopulp
Püriertes Mangofruchtfleisch in Dosen, das für Getränke und Desserts verwendet wird.

Mangopulver
Frisch säuerlich schmeckendes Gewürz, das aus unreifen Mangos gewonnen wird.
(siehe Seite 13)

Okra
In Indien sehr beliebtes schotenförmiges Gemüse
(siehe Seite 15)

Paneer
Indischer Frischkäse, der sowohl für pikante Speisen, als auch für Desserts verwendet wird.
(siehe Seite 11, 18 und 19)

Pflanzenöl
Für die meisten Rezepte genügt einfaches Pflanzenöl, einen besseren Geschmack erzielen sie durch Erdnuss-, Mais- oder Sonnenblumenöl, die sich alle gleichermaßen eignen. Olivenöl sollte wegen seines starken Eigengeschmacks nicht benutzt werden.

Rosenwasser
Eine stark verdünnte Essenz, die aus frischen Blütenblättern gewonnen wird. In Indien aromatisiert man Süßspeisen und Getränke mit Rosenwasser.

Safran
Der »König der Gewürze« besteht aus den Samenfäden einer bestimmten Krokusart. Es hat ein sehr feines Aroma und verleiht den Speisen eine tiefgelbe Farbe. Safran wird für Süßspeisen, Reisgerichte und Getränke verwendet.

Sago
Gekörntes Stärkemehl aus dem Mark der Maniokpalme.

Senf
Schwarzer Senf wächst in heißen Gegenden – heute vornehmlich in Nordafrika und Asien. Weißer Senf ist in gemäßigten Klimazonen anzutreffen. Der schwarze ist wesentlich schärfer als der weiße und überaus gesund. Er steigert die Durchblutung des Körpers und fördert die Verdauung.

Tandoori Masala
Gewürzmischung, die meist mit Joghurt vermischt zum Marinieren von Fleisch, Fisch und Garnelen verwendet wird. (siehe Seite 11)

Toor Dal
Mit einer Ölschicht überzogene Linsen.

Urad Dal
Geschälte schwarze Linsensorte, die in Indien gerne für Dal-Gerichte verwendet wird.

Varak
Hauchdünne Silber- oder Goldfolie, mit der bei festlichen Anlässen indische Speisen verziert werden.

Yams
Kartoffelförmige, stärkehaltige Wurzelknollen. Sind am ehesten durch Süßkartoffeln zu ersetzen.

Zwiebelsamen
Gewürz, das für Chutneys und Brote verwendet wird.

Rezept- und Sachregister

Damit Sie Rezepte mit bestimmten Zutaten noch schneller finden können, stehen in diesem Register zusätzlich auch Hauptzutaten wie Hähnchenfleisch, Kartoffeln und Paneer und geschmacksgebende Zutaten wie Ingwer, Kurkuma und Joghurt – ebenfalls alphabetisch geordnet und halbfett gedruckt – über den entsprechenden Rezepten.

Die Autorin

SADHNA DHAWAN wurde in Indien in einem kleinen Ort am Fuße des Himalaya geboren. 1979 zog sie mit ihrem Mann nach Salzburg. Seither pflegt sie die indische Küche umso intensiver, denn damit lässt sich auch ein wenig dem Heimweh begegnen, das sie bis heute nicht ganz losgelassen hat. Seit Jahren gibt sie inzwischen ihre profunde Kenntnis der indischen Küche und Esskultur in Volkshochschulkursen weiter. Ihr besonderer Dank für die Unterstützung beim Verfassen dieses Buches gilt ihren beiden Söhnen Akhil und Ashish.

Die Fotografen

JÖRN RYNIO arbeitet als Fotograf in Hamburg. Zu seinen Auftraggebern gehören internationale Zeitschriften und nationale wie die FÜR SIE, Buchverlage und Werbeagenturen. Aus seinem Studio stammen alle Rezeptfotos in diesem Band. Tatkräftig unterstützt wurde er dabei von den Foodstylisten Petra Speckmann und Hermann Rottmann sowie Michaela Suchy (Requisitenstyling/Arrangement).

JENNER ZIMMERMANN Fotograf und Autor (geb. 1950), bereist Indien seit mehr als 25 Jahren. Dabei hat er sich intensiv mit verschiedenen Aspekten der indischen Kultur beschäftigt und mehrere Bücher über das Land veröffentlicht. Seine Fotografien wurden auf zahlreichen Einzel-Austellungen im In- und Ausland gezeigt, u. a. auf der Frankfurter Buchmesse, im Münchner Stadtmuseum, in Delhi, Kolkata und Mumbai, sowie in Australien und Neuseeland. Zur Zeit lebt er in Neuseeland, wo er an einer Kunstschule Fotografie unterrichtet. Im Rahmen des internationalen Kulturaustausches wurde er vom Goethe-Institut wiederholt zu Fotografie-Workshops und Seminaren nach Deutschland, Indien, Australien und Neuseeland eingeladen.

Bildnachweis

FOODFOTOGRAFIE:
Jörn Rynio, Hamburg
REPORTAGENFOTOGRAFIE:
Jenner Zimmermann, München

PROGRAMMLEITUNG: Doris Birk
LEITENDE REDAKTEURIN:
Birgit Rademacker
KONZEPT UND REDAKTION:
Stefanie Poziombka
LEKTORAT: Margit Proebst
KORREKTORAT: Susanne Elbert
LAYOUT, TYPOGRAPHIE, UMSCHLAGGESTALTUNG:
independent Medien-Design, München
HERSTELLUNG: Susanne Mühldorfer
SATZ: Filmsatz Schröter, München
REPRODUKTION:
Repro Ludwig, Zell a. See
DRUCK: Appl, Wemding
BINDUNG: Conzella, München
ISBN 3-7742-6643-3

Auflage	4.	3.	2.	1.
Jahr	2008	07	06	05

DAS ORIGINAL MIT GARANTIE

IHRE MEINUNG IST UNS WICHTIG. Deshalb möchten wir Ihre Kritik, gerne aber auch Ihr Lob erfahren. Um als führender Ratgeberverlag für Sie noch besser zu werden. Darum: Schreiben Sie uns! Wir freuen uns auf Ihre Post und wünschen Ihnen viel Spaß mit Ihrem GU-Ratgeber.

UNSERE GARANTIE: Sollte ein GU-Ratgeber einmal einen Fehler enthalten, schicken Sie uns das Buch mit einem kleinen Hinweis und der Quittung innerhalb von sechs Monaten nach dem Kauf zurück. Wir tauschen Ihnen den GU-Ratgeber gegen einen anderen zum gleichen oder ähnlichen Thema um.

Ihr
GRÄFE UND UNZER VERLAG
Redaktion Kochen & Verwöhnen
Postfach 860325
81630 München
Fax: 089/41981-113
e-mail:
leserservice@graefe-und-unzer.de

GRÄFE UND UNZER

Ein Unternehmen der
GANSKE VERLAGSGRUPPE